新时代背景下的职业教育研究与探索

姚 静 著

中国商业出版社

图书在版编目（CIP）数据

新时代背景下的职业教育研究与探索 / 姚静著 . --
北京：中国商业出版社，2023.9
ISBN 978-7-5208-2595-5

Ⅰ. ①新… Ⅱ. ①姚… Ⅲ. ①高等职业教育－教育研究 Ⅳ. ①G718.5

中国国家版本馆 CIP 数据核字 (2023) 158353 号

责任编辑：郑 静
（策划编辑：蔡 凯）

中国商业出版社出版发行
（www.zgsycb.com 100053 北京广安门内报国寺 1 号）
总编室：010-63180647 编辑室：010-83114579
发行部：010-83120835/8286
新华书店经销
安徽中皖佰朗印务有限公司印刷

787 毫米×1092 毫米 16 开 10.75 印张 240 千字
2023 年 9 月 第 1 版 2023 年 9 月 第 1 次印刷
定价：58.00 元
＊＊＊＊
（如有印装质量问题可更换）

前 言

职业教育具有促进社会进步、经济增长、个性发展的功能，职业教育的发展，成为推动我国教育发展、经济发展、全民素质提高的一支重要力量。职业教育是教育与经济最直接的一种结合形式，也是促使教育与经济协调发展的重要载体。积极发展职业教育尤其是高等职业教育是调整经济结构、壮大经济实力的迫切要求，是优化人力资源配置、提高劳动者素质和劳动生产率的必由之路。

中国职业教育建设是完善现代职业技术教育体系、促进现代职业技术教育高质量发展的重要举措，是深化产教融合教育教学改革、人才供给侧结构性改革的战略布局，职业教育与普通教育是不同类型但价值相等的教育种类，是与产业经济和社会发展结合最为紧密的教育业态。怎样推动新时代背景下职业教育建设是摆在当代职业教育人面前的一个现实课题。

本书是关于职业教育方向的著作，主要研究和探索新时代背景下的职业教育；本书从职业教育的基本理论入手，针对职业教育的理念、职业教育的目标以及职业教育的体系进行了分析研究；对新时代背景下职业教育的教学方法作了探讨；在新时代背景下对职业教育的课程设计以及师资建设提出了一些建议；对于职业教育的建设有一定的借鉴意义。

本书由江西师范高等专科学校姚静独立撰写完成。

本书写作过程中，参考和借鉴了一些知名学者和专家的观点，在此向他们表示深深的感谢。由于水平和时间所限，书中难免会出现不足之处，希望各位读者和专家提出宝贵意见，以待进一步修改，使之更加完善。

姚静

2023 年 8 月

目 录

第一章 职业教育的基本理论

第一节 职业教育的概念及内涵

一、职业的含义与特征

（一）职业的含义

从词典释义看，在英语中，“vocation”指“工作、职业”“占据某人时间的活动”“（认为自己适合于做某事的）使命感”“（对某种工作）天生的爱好或才能”“行业、职业”。在我国，“职业”一词，最早见于《国语·鲁语》：“昔武王克赏，通道于九夷百蛮，使各以其方略来贡，使勿忘职业”。这里的“职”指执掌之事；“业”是古代记事的方法，把要做的事在木棒上刻成锯齿状，有多少事情就刻多少个齿，做完一件就刻一个齿，即“修业”，所以，“业”的含义是事。“职业”即为分内应做之事，与一定的社会分工和完成某件事所需要的技术、技能相联系。

从职业发展历史看，随着奴隶社会的发展，农业与手工业、畜牧业分离，导致了脑力与体力劳动的分离，并出现了最早的职业。在古代，有“官有职，民有业”一说。这里的“职”与“业”主要指的是朝廷人员与老百姓所从事的主要工作：“职”指的是官事；“业”指的是农、牧、工、商，也就是今天所指的行业。可见，在我国古代，“职”与“业”是分开赋予含义的。较早地完整使用“职业”一词是在《荀子·富国》：“事业所恶也，功利所好也，职业无分，如是，则人有树事之患，而有争功之祸矣。”到了近代，随着社会的进步，社会分工日益精细化与复杂化，“职”“业”逐渐地被一起使用，主要含义是指个人在社会中所从事的并以其为主要生活来源的合法工作的种类。

现代的“职业”含义是指，人们在社会中所从事的、相对稳定的、作为主要生活来源的，并以此为社会服务和体现自我价值的专门合法工作。可见，职业是参与社会分工，利用专门的知识和技能，为社会创造物质财富和精神财富，获取合理报酬作为物质生活来源，并满足精神需求的工作。它包含五个方面的内涵：第一，职业必须是社会分工产生的，为社会所承认的有益的工作，与人类的需求和职业结构相关；第二，职业必须是相对稳定的，不是可有可无的，也不是临时的，有一定的连续性，与职业的内在属性相关，强调利用专门的知识和技能；第三，职业必须是为群众服务的，是服务于社会也是社会所必需的，从而也是个人发展和实现人生价值的主要渠道；第四，职业与社会伦理相关，强调创造物质财富和精神财富，获得合理报酬；第五，职业是能够为己谋生的，是个人愿意以此获取生活资料的主要来源，与个人生活相关。

（二）职业的特征

职业作为一种劳动，既有一般劳动形式的特征，也在产生和发展的过程中逐渐形成了可以与其他劳动形式相区别的特征。当代职业的特征主要表现在以下几个方面。

1. 目的性

职业以获得一定的回报为目的。这种回报不仅限于物质、金钱等报酬，还可包括理想的实现、个人价值的实现、兴趣爱好的满足等。

2. 规定性

职业对从业人员素质具有一定的规定和内在要求。从事特定职业的从业人员必须达到职业所要求达到的专门素质，同时，从业人员必须在其中承担一定的职责。

3. 社会性

职业是从业人员在特定社会生活环境中所从事的一种与其他社会成员相互关联、相互服务的社会活动。

4. 稳定性

职业在一定的历史时期形成，并具有一定的生命周期。

5. 规范性

职业必须符合国家的法律，符合从业标准和社会道德规范。

6. 群体性

职业具有一定规模，是群体的共同行为。达不到一定数量的从业人员的劳动不能称为职业。

7. 可变性

职业的内涵与种类并不是一成不变的，它会随着社会经济、产业结构的变化而发生改变。

8. 事业性

对个人，职业是个人获取生活资料的主要途径；对社会，个人从事职业是促进社会经济发展的重要环节。

9. 专门性

任何一个职业都是要不断发展和完善的，因此，它的专门性会越来越强，专业化程度也会越来越高。

10. 时代性

职业是不断发展变化的。新的职业不断产生，旧的职业不断消亡，每个时代都有自己的特色职业。

11. 多样性

社会分工越来越细，职业的种类也必将越来越多，且具有多样性的特点。

12. 发展性

职业是人类发展的舞台，任何人的发展都离不开职业。

二、职业教育的概念

职业教育是一种复杂的教育活动，对其概念的认识也是复杂多样的。下面将从广义与狭义、外部与内部四个角度对其概念作归纳和分析。

从广义的角度理解，“职业教育”的概念包括三层含义：所有的教育和培训都具有职业性，均有职业导向，因为所有的教育都影响着个人的职业；职业教育和培训包含了所有类型的技术传授；职业教育既可以在家庭中传授，也可在工作单位或正规院校传授。从狭义的角度理解“职业教育”的概念也包括三层含义：职业技能教育就是培养高级工匠的教育；职业教育和培训仅包含操作性技能之类的技术传授；职业教育是同普通教育相对的，以专门培养中级专业技术人才为目的的学校教育，它处于大学层次之下，反映了教育体系内部的结构与分工。显然，广义的“职业教育”的概念混淆了职业教育与其他类型教育，未区分出职业教育所传授的特定技术类型，而狭义的“职业教育”的概念又把职业教育局限于操作技能训练和中等层次的程度上，因此，二者都没有真实地、全面地反映出现代职业教育的真谛。

职业教育的教育过程除涉及普通教育外，还涉及与学习、经济和社会生活各部门的职业有关的技术和各门科学，以及获得相关学科的实际技能、态度、理解力和知识。技术与职业教育进一步被理解为：①普通教育的一个组成部分；②准备进入某一就业领域以及有效加入职业界的一种手段；③终身学习的一个方面以及成为负责任的公民的一种准备；④有利于环境的可持续发展的一种手段；⑤促进消除贫困的一种方法。上述解读，主要从职业教育的外部关系阐述了职业教育的外延和作用。这样的表述更易于被大多数国家的政府接受，并重视职业教育，这正是其用意所在。

职业教育还需要从其内部来审视其内涵。有学者论述了职业教育应该是一种不同于普通教育的独特的教育类型，应该把职业学校真正办成遵循职业教育规律和特性，体现职业教育价值的教育机构，而不是作为低于普通学校的“二流”学校。还有学者将职业教育的概念表述为，“职业教育是培养技术应用型、技能型人才的一种教育或培训服务”，并将其理解为五个要点：职业教育是教育的一种类型；职业教育培养的是技术应用型、技能型职业的人才，而不是培养所有职业的人才；职业教育是一种服务业，它为准备成为技术技能型人才提供教育服务；职业教育培养的是人才，是在普通教育基础上进行的；职业教育具有层次之分，旨在培养技术应用型与技能型两类人才。

作为独特教育类型的职业教育，在课程方面，是以就业能力为导向的能力本位课程或工作过程课程；在教学方面，实施行动导向教学，实行工学结合的人才培养模式；在学生评价方面，要求以学生获得职业胜任能力和职业资格为依据，重行而不唯知；在教师评价方面，要从重升学率和学术成果转向重就业导向的课程开发和教学应用与转化；在管理制度方面，要建立起符合职业教育规律与特色的管理制度；在教育体系方面，职业教育是横向“结成”体系，而普通教育是纵向“自成”体系。

综上所述，职业教育是终身学习的重要组成部分，是全民教育的主要承担者，是以培养符合职业或劳动环境所需要的技能型人才为目标的一种教育类型。它以职业需要为导向，以实践应用性技术和技艺为主要内容，传授职业活动必需的职业技能、知识、态度，并使学习者获得或者扩展职业行动能力，进而获得相应的职业资格。职业教育所培养的人才是技能型人才，进一步可以分为技术应用型人才和操作技能型人才，两者都需要具备一定的理论技术、实践技术、心智技能和运动技能，都需要在生产或服务的一线通过行动将已有的设计、规范和决策转化为产品或服务成果。

三、职业教育的内涵

职业教育是终身教育体系中在基础教育之上，为引导学生掌握某一特定职业或职业群从业所需的实际技能、知识和认识的教育服务，是使受教育者获得某种职业或生产劳动所需要的职业技能、知识、职业道德的教育，其目的是培养技能型应用人才和具有一定文化水平及专业知识技能的劳动者。

职业教育是社会发展的产物，是人类文明发展的产物，是人自身发展到某个特殊时期的产物。职业教育受益于社会，促进社会发展是职业教育的应有之义和神圣职责。职业教育应包括两部分内容：①职业技术学校教育，即学历性的职业教育，分为初等、中等、高等职业院校教育；②职业培训，按照职业需求或劳动岗位的要求，以开发和提高劳动者的职业技能为目的的教育和训练活动，是非学历性的短期职业教育。职业培训的形式多种多样。我国的职业培训包括从业前培训、专业培训、学徒培训、在岗培训、转岗培训及其他职业性培训。根据实际情况，也可以将职业培训分为初级、中级、高级职业培训。因此，必须从下面几个方面准确把握职业教育的内涵。

（一）职业教育是终身教育体系的一个组成部分

职业教育是相对应于其他教育存在的，没有其他类型教育也就不存在职业教育，并且职业教育是教育的重要组成部分，它对人的职业化、经济社会发展和消除贫困等具有重要价值。就个人而言，人对教育有基本需求、从业需求和闲暇需求，而职业教育可以满足人的从业需求。因此，职业教育是人终身教育和人全面发展的一个方面、一个阶段、一个重点。

（二）职业教育是建立在基础教育之上的

接受职业教育需要以一定的科学文化知识为基础。受教育水平是接受何种层次职业教育的重要准入依据。高等职业教育以普通高中教育为基础，中等职业教育以初中文化教育为基础，初等职业教育以小学文化为基础。

（三）职业教育是职业定向教育

定向教育是以职业或职业群为主要依据的专业类别培养人才的方式。无论是全日制职业教育、部分时间制职业教育，还是职业培训，都是给予学生或在业人员从事某种特定职业或职业群所需的实际知识、技能和态度的教育，是为就业、转业做准备的，就是使“无业者有业，有业者乐业”。完成职业教育课程后，可以获得所在国的主管当局（教育部、雇主协会等）认可的在劳务市场上从业的资格。职业人才有多种类型、多种层次。

（四）职业教育面向部分人群

职业教育主要面向技术型、技能型职业者。非技术型职业者、学术型职业者、工程型职业者等，均无须接受职业教育。由于国度不同，时代不同，技术型、技能型职业的声望和社会地位不同，职业教育的地位与作用差别较大。

（五）职业教育是一种服务

职业教育过程由教育、教学、管理和服务构成。职业教育过程的结果是转变学生。学生是顾客，职业教育机构向学生提供了学习、生活、劳动的设备设施，通过教职工的教育、教学、服务过程为学生提供特定职业或职业群所需的知识、信息、方法，提高学生从业的实际技能、知识、认识，以及认识世界、改造世界的能力。因此，职业教育是一种高尚的服务业。

第二节　现代职业教育的理念与特征

一、现代职业教育的属性

（一）现代职业教育是一种主体教育

传统职业教育追求的是对受教育者进行某种技能教育，强调受教育者对教师、学校和社会的机械服从和顺应。这种见物不见人的教育把受教育者当作教育的客体加以塑造，而不是当成教育的主体来加以培养，其塑造出来的人，“人”味很淡，“物”性十足，缺乏主体意识和创新精神。因而，职业教育也要和其他教育一样，而且要面向全体学生，要注意学生的个体差异，促进人的个性在职业领域里的全面发展。

（二）现代职业教育是一种全民教育

职业教育由于是一种就业教育，所以也是一种大众化的教育。职业教育在满足社会上个人的需要和开发个人潜能的同时，为所有人提供了技能的教育，尤其对在职人员和失业者提供培训、再培训，并获得受教育的均等机会。职业教育的普及与其提供的学习技能，将会促进全世界所有公民接受教育。

（三）现代职业教育是一种文化教育

“文化教育”在这里指的是一种理念文化，包括价值观念、道德观念和思维方式，使学生树立社会主义核心价值观。实施职业启蒙教育阶段，职业教育渗透到基础教育，大力开展劳动技术教育，可使他们从小就树立劳动至上的价值观，为学会做事奠定良好基础；实施职业准备教育阶段，在传授一定文化知识和技能的同时，加强职业道德教育，培养学生学会做人，使其日后上岗就业能够热爱本职工作，无私奉献，为个人服务社会从而为社会作出贡献奠定基础；实施职业继续教育阶段，由于树立了劳动的价值观，可以使人懂得作为社会人应与社会及其他社会人和谐相处，并依靠自己的双手创造财富。

（四）现代职业教育是一种终身教育

随着生产力的发展和社会的进步，人的职业、岗位职业能力会经常变动、更新，这就需要不断地参加这样或那样的职业技术学习，接受继续教育或培训。因此，职业教育是一种终身教育。

二、对职业教育功能的理解

（一）由单纯地针对职业岗位扩展到着眼于整个职业生涯

在现代社会中社会就业人员的利益导向和价值走势，促使其职业经常变更，一个人一辈子固定在一个行业或一个岗位上的时代即将消失。在我国，人才流动已逐渐成为一种常见的社会现象，社会成员正由“单位人”逐渐走向“社会人”。这种就业需求，必然对职业教育的目标和内涵产生影响。

（二）由满足上岗要求走向适应社会发展

职业能力不仅指操作技能或动手能力，而且指综合的、称职的就业能力，包括知识、技能、经验、态度等，即为完成职业任务所需的全部内容。在职业能力的内涵中，应十分注重合作能力、公关能力、解决矛盾的能力、心理承受能力和竞争能力等非技术的职业素质，同时，随着科学技术的迅猛发展，社会职业岗位的内涵与外延处于不断变动中。因而，职业教育的教学计划不能仅着眼于当前上岗能力的需要，还应注重学生对职业岗位变动的良好适应性和就业弹性的需要。

（三）由提供学历和文凭向多方面延伸

职业教育体系总体上分为学历教育、非学历教育与培训两大部分。学历教育主要是以较长的连续时间，系统地培养基层一线的技术型人才为主。学历教育有中等职业教育和高等职业教育两个层次。在非学历教育与培训中，一部分是资格证书教育、工人技术等级培训；另一部分是岗位培训、在职进修培训和短期就业培训。

三、职业教育应有的理念

（一）新的职业理念

1. 动态的职业观

伴随着世界经济的发展，产业结构、行业结构和技术结构都发生了深刻的变化。行业的兴衰导致职业的存亡，而技术结构的变化又直接影响着职业结构的构成。为了适应职业的动态变化过程，职业教育工作者要有长远的眼光，不仅应当了解过去和现在社会职业的状况，还应当看到五年、十年甚至更长时期内职业教育的发展方向。对社会职业变化的高度敏感性和适应性将是职业教育在变化的时代立足和兴旺的根本。为此，高职院校必须十分关注社会职业的变化，不断加强办学条件建设，增强发展潜力，及时调整教学计划、教学内容、教学方式以及教学要求，以增强人才培养工作的适应性。

2. 整体的职业观

工业社会过细的劳动分工使人的职业发展出现了单一化，人的一生往往被束缚在一个零件的制造或某道工序的操作上。为了改变这一状况并增强学生对工作和未来生活的整体适应性，职业教育必须树立整体的职业观，扩大教学与训练的辐射面，培养学生多方面的工作能力，尤其是分析、判断、决策和行动的能力。

3. 人文的职业观

职业至上论和人文教育之争在普通高等教育领域由来已久，在高等职业教育中两者之间的矛盾更是特别突出。长期以来，中外高等职业教育都存在“唯职业论”的声音。人们以为，职业教育的宗旨就是为学生将来从事某种职业做准备，因此，高职院校围绕职业技术组织教学与培训工作是天经地义的事情。帮助学生获得职业技能本身并无不妥，但如何认识学生将要从事的职业，如何培养学生具备承担完成职业使命的能力却值得人们更加深入地思考。

职业并不是孤立存在的。从根本上说，职业是人类社会分工的产物，职业的本质不在于职业所要求的技术，而在于职业的社会价值。职业的社会价值的实现离不开技术，但仅仅依靠技术是远远不够的，它还要求从事职业的人具有正确的社会价值观、人生观，具有必要的人际交往能力以及其他社会生活能力。对于个人而言，职业与人们的生活更是有着不可分割的联系，职业不仅是人们谋生的渠道，还是人们从事社会生活并实现人生社会价值的舞台。现代工商业生产与服务把各种职业有机地融合在一起，信息技术的发展不但强化了各种职业之间的联系，更强化了人与人之间的联系。因此，职业教育不能单纯地着眼于技术的训练，还要从职业的人文性出发，加强学生的人文素质教育，使学生树立社会主义核心价值观，提高学生的社会人际交往能力、社会价值判断与审美能力、社会组织与协调能力等。

（二）人本理念

1. 学生中心观

高职院校是学生开始职业生活和社会生活的桥梁，他们只有在这里获得了全面、自由而充分的发展，才能在一个变化万千的时代，在职业生活和社会生活中游刃有余，与时俱进。为此，高职院校必须树立起以学生为中心的观念，以学生的发展为自己的根本目标。在考虑学生整体特点的情况下，注意学生的个体差异，做到因材施教，为学生当前的生活、以后的生存和发展打下基础。

2. 素质教育观

职业教育不是一种终结性的教育，而是服务于学生发展的终身教育。职业教育不仅要适时地根据受教育者的需求特点在办学方式上做出一定的调整，更主要的还是要为受教育者以后的发展打下扎实的基础，提供良好的素质。这种素质不仅表现在过硬的专业技能上，还应表现在具有深厚的理论基础上。受过职业教育的学生能够根据社会和职业的变化及时地做出相应的调整，并实现个体持续的良性发展。如自我学习、形势分析和判断等方面的能力。

四、现代职业教育的基本特征

（一）职业性

职业性是指职业教育培养生产、服务、技术和管理所需要的高素质劳动者和技术型、技能型人才。其具有以职业为导向，为就业服务的特点。

职业是职业教育的基础，是规范职业教育的专业、课程和评价的标准。如杜威所讲："一种职业必须是信息和观念的组织原则，是知识和智力发展的组织原则。职业给我们一个轴心，它把大量变化多样的细节贯穿起来，它使种种经验、事实和信息的细目彼此井井有条。"

职业教育培养是现代职业培养生产、管理、服务所需的具有综合职业能力的应用型人才的实践活动。职业教育以学生能够就业，并能使学生在未来的职业实践中得到发展为主要目标，教学内容以学生就业岗位需要为导向，教学环境强调与真实的环境相同或相似。

职业性并不排斥文化修养、人文道德，而是集人力、知识、技术、技艺、工作的任务与过程及行动、道德、价值、精神等于一体。同时，职业教育重视培养学生良好的职业道德、职业意识、职业纪律、职业习惯，以及忠于职守的敬业精神，其教学计划、教学过程、教学方法、教学组织、生产实习和教学实习等，都与社会职业需要，与学生的职业活动、文化修养紧密联系。

（二）技术性

技术通过职业教育内化到劳动者身上，才能转化为现实生产力，发挥出它的功能。技术的演变会影响职业教育发展的结构、层次、规模、课程和方法等。技术结构及产业结构的变化推动着职业教育结构的演变。技术革命及其引发的社会生产方式的变革决定着职业教育思想的发生和发展，技术革命导致了职业教育技术制度的变革。

技术可分为经验型技术、实体型技术和知识型技术。它们都是职业教育课程的主要内容。职业教育的教学过程也充分体现了技术的属性、技术传授的规律和要求。技术的学习需要重复，但重复不排斥创新。

技术的进步推动了职业教育办学模式和人才培养模式的改革。职业院校应该紧跟技术的不断进步，通过产教结合、工学结合的基本途径，使得教育与训练并重，促进学习者对新技术和新工艺的掌握，提高其就业能力。

（三）社会化

世界各国的职业教育各具特色，但凡成功模式的职业教育都与本国社会实际紧密结合。社会环境适宜职业教育的发展，职业教育就能有效地促进经济社会的发展。服务于社会是职业教育的宗旨。职业学校，从其本质来说，就是社会性；从其作用来说，就是社会化。职业学校的基础，是完全构筑于社会需要之上的。职业教育不可能脱离社会环境，因为它与社会劳动就业直接联系，而劳动就业又是高度综合性的社会工程，涉及国家和地区的资源、人口、经济、科学、文化、社会习俗观念、有关制度措施等各个方面，所以，这些都牵动着职业教育的办学。另外，职业教育诸如联合办学，定向、委托培训等办学途径，也使得职业院校必然受社会多方的制约。

职业教育又是一种社会需求制约型的教育。其培养目标、发展规模、结构和速度，既受社会需求的推动，又受社会需求的约束。在不同的历史时期，社会需求的变化，必然会引发职业教育的发展与变革。

职业教育对社会环境的高度依存性，要求其办学必须是开放的、灵活的。职业教育只有吸纳全社会的力量才能办好。除在培养目标的确定、专业的设置、教学内容和教学方式的选择等方面要紧贴社会实际需要，在教学、课程、评价和管理等实施过程中，职业教育也需要行业企业的参与和支持，必须广泛吸纳社会力量，与生产劳动和社会实践紧密结合，走工学结合之路，实行灵活多样的人才培养模式，只有这样，职业教育的培养目标才能实现。

（四）实践性

职业教育过程就是实践的过程，实践贯穿于职业教育的始终。

1. 教学内容突出实践性

职业教育在教学内容的选择上不过分强调专业的学术性、系统性、完整性和理论性。基础理论课的内容以必需和够用为原则，重理论知识中相关结论的使用而轻其推导过程。教学内容的着重点在实践操作和专业技能的培养上，丢弃了那种学生听得多、看得多，重理论、动手少的教学方法，而采用以实践为重、为先的方法，先做后学、先学后教、以需定教。

2. 教学方法上突出实践性

在课程安排上先建立实践教学体系，后建立理论教学体系；先进行专业课教学，后进行基础课教学；在具体教学中，尝试先让学生动手做一做，然后归纳总结，再有针对性地开展理论学习。

3. 教学过程突出实践性

职业教育的教学过程，都选择了突出实践性的工学结合、产教结合的教学模式。在整个教学过程中，院校的教学实训与企业实习交叉进行，从而使教学更具实践性、应用性，也更贴近企业对学生技能的要求。

（五）大众性

职业教育的大众性即职业教育的人民性。职业教育是面向人的教育。因此，职业教育必须有教无类，必须代表人民群众的教育利益，最大限度地满足广大民众的需要，以服务民众为宗旨，保证人人享有平等地接受职业教育与培训的机会，使职业指导和职业咨询面向社会所有成员。在当今社会，绝大多数的社会职业都需要经过一定的职业训练，并由获得职业资格的人来从事，这就决定了每个公民都必须接受一定的职业教育。

（六）终身性

职业教育贯穿于人的一生，是实现终身教育的一种形式。一个人在一生中只有接受多次职业教育，才能不断地具有胜任各项工作的能力。在基础教育阶段，可以对儿童进行包括职业意识、劳动光荣等最基本的职业素质教育；进入学校后，接受职业教育的机会越来越多，既可以通过普通教育教学内容的渗透接受初级职业教育和培训，也可以通过分流接受以就业为导向的职业教育；进入社会以后，人们也必须根据生产科技发展的需要，接受各种职业培训，以完善自己；当人们达到一定年龄，离开职业岗位，仍然可以根据自己的特点和需求，选择职业教育的内容和类型，以充实自己、完善自己，满足自己对教育享受的需要。职业教育应以更加开放和宽阔的胸怀，更加灵活多样的课程和教学模式，提供终身学习的机会和途径。

（七）市场性

职业教育要满足市场对人才的需求。如果只是按教育规律办学而不考虑人才市场的需求，那么培养出来的学生，无论质量有多高，都无法实现就业；而如果只是按人才市场需求办学，在教育过程中不尊重教育规律，那就培养不出高素质的人才。因此，职业教育既要按教育规律办学，又必须按市场规律运作，这就是说，职业教育要具有市场性。

职业教育在办学指导思想上应确立以人才市场需求为导向的运作模式。市场的需求就是设置专业的依据，企业对岗位或岗位群的具体要求就是职业教育课程和教学内容的要求，具体目标是教学要求与职业岗位要求零距离。因此，职业教育要注重相关专业领域的最新技术发展，并根据发展实际调整课程结构和教学内容，做到教学内容及时反映本专业领域的新知识、新技术、新工艺、新方法，使教学内容与经济发展相适应，与技术改革相同步。

（八）灵活性

突出职业教育的特点，达到教学目的，关键是教学方法。职业教育对象的多样性和教学内容的技术性、实践性，决定其教学方法应该是灵活的、多种多样的。在具体的教学过程中，应该打破传统的教室与讲台的课堂模式，根据不同的教育对象和教学内容，采取具有实效性的教学方式，多角度、多方位地拓宽课堂、搞活课堂。除了讲授、讨论、问答等方式，更多地可以采用观摩的方式、动手的方式、模拟操作的方式、双师型教师指导方式、技师带徒弟方式、实际工作岗位锻炼方式、心理考验和心理锻炼的方式等。职业教育教与学的场所，可以不受校园圈子的限制，可以在工厂车间、田间地头进行；可以不受普通学历教育和传统上所要求的学制年限的制约，而是根据教育对象所学内容的不同有较大的弹性；在时间上可以是几年、几个月，可以是全日制也可以是利用业余的时间。

（九）直接性

职业教育是一种产业。是产业就要讲求效益，就要讲投入与产出。职业教育的投入与产出的循环周期较短。也就是说，职业教育的效益体现得比较直接。职业教育的教学内容直观而实际，具有较强的针对性和实际操作性。不论是高层次的职业教育，还是针对性较强的职业培训，接受教育和培训的个人都能很快把自己学到的技术和技能运用到生产实际或经济建设的实际中去，发挥所学知识与技能的作用，提高劳动生产率，在短时间内创造出物质财富和增加经济收入，投入者都能很快从中受益。因此，不论是提高在岗人员的知识和技术水平，还是为下岗人员创造再就业的条件，或是为广大的农业劳动者传授农业科学知识，都能够直接地从职业教育中很快获得收益。

（十）适应性

职业教育的适应性就是随着社会经济的变化，特别是生产技术水平的提高，而变化自身特性或发展方式的能力。它区别于普通教育的规定性，是其独有的特征。职业教育的适应性表现在：①职业教育制度的适应。国家发展职业教育，建立健全适应社会主义市场经济和社会进步需要的职业教育制度，包括办学方向、办学层次、教学内容、职业培训机构及对职业教育管理等，始终处于主动适应的位置，适应社会经济发展的需要。②职业教育对象的适应。受教育者不应只是具有过于狭隘的职业性质或局限于一种技能的掌握，因为瞬息万变是这个时代的特征，所以，未来职教的主要目的必须使青年有很强的适应性。

（十一）中介性

职业教育是把人力优势转化为智力优势，再把智力优势转化为生产力的重要桥梁，它还是教育与职业之间沟通的渠道。“教育不与职业沟通，何怪百业之不进步”，“要发展社会，革新教育，舍沟通教育与职业无所为计”，由此表明，职业教育的中介性就是指职业教育在人的发展和社会发展之间、教育和职业之间的特殊位置。就是说，职业教育促进人的个性发展和社会进步，不是普遍性或者是特殊对象性的，而是直接对应于社会需要和个人生存的，是促进科学精神与人文精神的结合，是促进社会发展需要的个性素质，是使人的个性更适应社会直接需要的发展的、提高的、更新的中介加工。

（十二）产业性

职业教育兼具教育性、产业性的双重特性，其与市场经济的有机融合，主要是通过人才供需关系的平衡协调来实现的。职业教育的产业化运作是指，职业教育的运行机制和管理模式要面向市场，进行投入与产出分析，并对其成本进行严格核算。职业院校要在国家的宏观调控下，按教育规律和市场规律办事，成为自主管理、自主办学的法人实体，逐步形成“原料采集（招生引资）”—“生产（教育教学）”—“销售及售后服务（推荐就业及业后培训）”一条龙自主运行机制。

第三节 现代职业教育的目的与任务

职业教育以实现技术技能强国、全面发展、人人成才、尽展其才为目的；以实现合理的人力资源结构支撑国家产业发展，培养具有良好的思想道德、知识技能和人文素养的技术技能人才，让每个学生都成为有用之才，形成以实践和贡献评价人才，全社会尊重技术技能人才的文化价值观为任务。

一、职业教育的目的

（一）职业教育目的的内涵

现代职业教育是适应现代科学技术和生产方式，系统地培养生产服务一线技术技能人才的教育类型。社会对职业教育的要求就是对人才规格和质量的要求，即职业教育目的。

职业教育的目的是根据不同社会的经济、文化、科学、技术发展的要求和受教育者身心发展的状况确定的，它反映一定社会对受教育者的要求，是职业教育工作的出发点和努力方向，是制订其教育规划、编制课程、开展教育活动、评价教育效果的价值尺度和根本依据，是进行教育教学改革，确定未来发展方向的基本指南。

一个国家的职业教育的目的，是这个国家教育总目的和教育方针在职业教育系统中的具体反映，也是各级各类职业技术院校确定培养目标的依据。

职业教育目的具有明显的时代性、适应性、前瞻性、相对稳定性和连续性。至今，关于职业教育的教育目的，虽还没有一个完整而公认的表述，但综观我国各个历史时期对职业教育目的的阐述，它应包含以下内容。

1. 全面发展。不同时期、不同层次、不同专业的职业教育目的，无不要求接受职业教育的对象能够全面发展。

2. 人才类型是技能型和技术型。

3. 人才层次是初、中、高级专门人才。目前，职业教育呈现层次高移的趋势，人才层次以高级专门人才为主。

4. 工作场合是基层部门、生产一线和工作现场。

5. 工作内涵是将成熟的技术和管理规范变为现实的生产和服务。

（二）职业教育目的的结构体系

职业教育目的是指国家总的职业教育目的，即国家对职业教育应培养什么样的人的总要求。各种类型职业技术院校，无论具体培养什么社会领域的人才，也无论培养哪个层次的人才，都必须使其培养的对象符合国家提出的教育总要求。我国现行的职业教育目的是培养一大批有一定科学文化基础和较强综合职业能力的，德、智、体、美、劳等全面发展的，在生产、技术、服务、管理等一线工作的各级各类专门人才。

1. 教育目的

教育目的是国家对培养人的总要求，是对所有受教育者提出的，具有高度概括性的总体性说明。不同类型教育的目的，在总教育目的的规范下，分别侧重为社会培养所需要的人。

2. 培养目标

培养目标是各级各类院校对培养人的要求，是教育目的的具体体现，是针对特定的对象提出的，是根据院校性质对培养人提出的特定要求。

3. 教学目标

教学目标是教育者在教育教学过程中完成某一阶段工作时，希望受教育者达到的要求或产生的变化结果。它是课程教学目标及教学过程中的教学目标，是指导、实施、评价教学的基本依据。

4. 课程目标

课程目标是指导整个课程编制过程的最为关键的准则。确定课程目标，首先，要明确课程与教育目的、培养目标之间的衔接关系，以确保这些要求在课程中得到体现；其次，要对学生的特点、社会的需求和学科发展等各方面进行研究。教学目标是课程目标的进一步具体化。

在职业教育目的的层次结构内部与上下层之间抽象与具体的关系，上层教育目的必须落实到一系列下层目标的行动上，而每一项教育行动又是构成上层教育目的必不可少的一部分。教育、教学目标循序渐进地积累，不断向培养目标和教育目的靠近，最后达到教育目的的要求。需要指出的是，“目标”与“目的”有习惯上的区别，相对而言，目标比目的更精确、更具体。教育目的对教育实践具有方向性的引导作用，适用于一个较长的时期；而教育、教学目标则为师生实现教育目的提供工具、启示方法和指导步骤，它往往是为一定的学校、专业、课程和个人设定的，容易在短期内实现。目标可以检测，而目的不能检测，但在教学中必须领会目的。

二、职业教育的任务

职业教育的任务是职业院校为达到教育目的和学习培养目标而设计的教育、教学活动的对象，是教育目的的具体化，上承教育目的、下启教学内容，并对教育教学方法、组织管理都有直接的影响。

（一）坚持育人为本，德育为先

职业教育坚持立德树人，遵循职业教育规律和技术技能型人才的成长规律，培养德、智、体、美、劳全面发展的社会主义建设者和接班人。立德树人，重在全面发展，使技术技能人才重点具备三个方面的素质：一是体现社会主义核心价值观要求的思想道德素质；二是以支撑职业生涯发展为重点的知识技能素质；三是以提升生活品质和审美情趣为重点的人文素养。

（二）使学生掌握一定的职业基础知识和运用这些知识解决实际问题的技能、技巧，为学生今后就业和继续学习奠定坚实的基础

首先是在某一职业领域具有相对稳定和广泛适应的职业基础知识的教育。如有关某职业领域的基本事实、基本概念、基本原理、一般规律、劳动常识、科学的工作方法等，这是职业教育中教学的基本任务。其次是职业能力教育，包括技能和技巧两个方面：技能是指与学习相关的基础知识所必需的，按一定规则与程序完成操作的能力；技巧则是熟练化、自动化的技能。知识是内在的、静态化的东西，而技能、技巧是运用知识完成一定任务的能力。技能、技巧不仅表现在动作方面，还表现在心智方面，如智慧技能（读、写、算的技能）、感觉技能（听觉、触觉、嗅觉、视觉等技能）。

（三）围绕提高学生的职业能力，发展其智力、体力

提高学生的职业能力是职业教育中教学的主要任务，职业能力是一种综合实践能力，是职业活动的核心，这是由教育培养目标和其教学目的所决定的。一个受过职业教育和培训的人，应该具备适应岗位工作的能力，能够独立工作并具有进一步提高工作效率的能力，同时，要具备与职业相关的知识和态度，以及实践经验、动手能力和自学、自我评价能力。

职业教育中的教学，一方面，追求“职业适应能力”这一基本目标；另一方面，旨在开发学生潜在职业能力和一般能力，其中“智力”和“体力”是发展职业能力的两大支柱。发展学生的智力必须对前人的知识、经验合理地吸收、消化、提炼，同时，要点燃学生创造的激情，培养良好的思想和心理品质。身体健康是人一切发展的基础，没有健康有力的体能就难以胜任职业岗位的需要。全面发展学生的身体素质和运动能力，提高身体适应外界变化和抵御疾病的能力，提高学生自我保健的意识与能力，养成良好的卫生习惯和锻炼身体的习惯，是职业教育教学中不能忽视的重要任务。

（四）加强对学生的职业道德和劳动审美教育，促进学生全面和谐发展

以职业道德为基础，学会立业。做人以德为本是中华民族的传统美德，也是世界各民族和平共处、共同发展的必然要求。社会公德、家庭美德、职业道德和个人良好的修养构成了道德教育的基本要素。在职业教育中，应突出和加强对职业道德的教育，对学生进行系统的职业道德教育，树立行业平等意识和通过从事一定职业为社会服务的职业观念。良好的职业素质是在长期的培养和实践中形成的。要培养学生敬业、乐业的精神，讲究效率、效益、精益求精、团结协作的精神，使他们具有丰富的美感、乐观的态度、顽强的意志、坚韧的性格，养成惜时、守时、诚实、自尊、自爱、自强、自信、平等待

人等优良品质和认真、严谨、踏实、谦虚、进取的良好作风；要具有正确的职业态度、顽强的职业意志、积极的职业情感、高尚的职业志趣和强烈的职业责任感，养成质量至上、遵纪守法、爱护环境、科学管理、优化服务等自觉意识和行为习惯，视职业为事业的道德理想和信念。

培养学生正确的职业审美观是职业教育的一项不可或缺的任务。要从技艺美、产品美、服务美体验到心灵美、精神美，让学生获得健康丰富的职业美感；要通过直接教学和渗透性教学等方式，提高学生的职业思想修养、科学素质修养和职业艺术修养，为形成正确的职业观打下牢固的基础；要实现德、智、体、美、劳、心（理）各方面的和谐发展，达到“在做事中学做人，在做人中求发展”的良性教育状态。

第四节　现代职业教育的地位与功能

一、现代职业教育的地位

（一）职业教育地位的基本认识

职业教育的地位，是指职业教育作为一种客观存在并正常发展时，在社会关系中、地域内经济建设和社会发展中应处的位置。

职业教育地位的内涵应该有四层意思：一是指职业教育在人们心目中的位置，即职业教育在人们的心目中所受到的重视或尊重程度的综合反映。二是指职业教育在地域内经济建设和社会发展中应处的位置。职业教育是一种在经济建设和社会发展过程中起重要推动作用的社会活动。各国关于职业教育地位的阐述，一般也是指在经济建设和社会发展中应处的位置。三是职业教育作为一种教育类型，在整个教育体系中所处的位置。职业教育在教育体系中到底应处于什么位置？与其他类型的教育是什么关系？职业教育是不是某些人所认为的一种地位“低下”的从属于其他教育类型的教育？这些问题既影响职业教育本身的发展，也影响整个教育事业的发展。四是指在人的发展中所处的位置。从根本上讲，职业教育是培养人的，它在经济建设和社会发展中的作用也是通过培养人来实现的，然而我们以往忽视了这个方面的研究。

（二）职业教育的地位

职业教育是国民教育体系和人力资源开发的重要组成部分，是广大青年打开通往成才大门的钥匙，它肩负着培养多样化人才、传承技术技能、促进就业与创业的重要职责。

1. 职业教育是促进人的个性发展，直接适应经济、社会发展和个人生存需要的主要中介

职业教育的中介地位，是指职业教育在人的发展中的特殊位置。职业教育促进人的个性发展，不是普遍性的或者是特殊对象性的，而是直接对应于社会需要和个人生存需要的，是促进社会发展需要的个性素质，是使人的个性更适应社会直接需要的、更新的中介加工，是其间的最主要的、最基本的桥梁，其特点是适应需要的直接性的中介。

2. 职业教育是在基础教育之上的与普通（专业）教育相对应的一种教育类型，是继续教育、终身教育的主要内容

职业教育的类别地位，是指职业教育在整个教育体系中所处的位置，是国家教育事业和现代教育的重要组成部分，而职业教育与普通教育是不同的教育体系。第一，职业教育是在基础教育之上的教育，基础教育的水平和年限，随着经济、社会的发展和教育水平的提高而高移；第二，职业教育是相对于普通教育的分类，是按社会职业、经济社会发展的岗位分类培养学生；第三，在社会需求和人的发展总体规划中，职业教育更具有终身性和广泛性。因此，职业教育在整体教育中具有十分重要的地位。

3. 作为与经济社会关系最为紧密的教育，职业教育在经济社会发展中具有优先地位

相较于普通教育，职业教育与经济社会的联系更为紧密。这是由于：（1）职业教育直接为经济社会培养生产、服务、技术和管理第一线的应用型人才。（2）经济社会对职业教育的大量需求。（3）职业教育具有转化现实生产力的功能，是先进的科技、设备和人力资源转化为现实生产力的直接桥梁。

职业教育的优先地位，是指职业教育在经济社会发展中的位置。职业教育的地位，教育的基础性、导向性、重要性及效益的滞后性决定了教育事业应该优先发展，适度地超前。超前的幅度，随不同类型的教育而异。政府统筹规划经济建设和社会发展时，应把职业教育摆到比较重要的位置上，既要从经费、人力、物力上落实，也要从政策上落实，做到先培训、后就业，先培训、后上岗；发展新行业，建设新产业时，职业教育先行。

4. 作为一种决定人的职业并与人相伴终生的教育，职业教育在个人的发展中处于重要地位

马克思（Marx）指出："大工业的本身决定了劳动力的变换、职能的变动和工人的全面流动。"随着生产力的发展和社会的进步，人的职业、岗位、技能会经常变动、更新，这既是客观环境变化的必然，也是人的个性发展的需要。这就需要不断地变换职业，并接受职业技术教育或培训。技术和职业教育应能使社会所有群体的人都能入学，所有年龄的人都能入学，应该为全民提供终身学习的机会。它是一种终身性的教育。因此，职业教育在个人的发展中处于重要地位。

二、现代职业教育的功能

（一）职业教育的经济功能

职业教育是现代经济和社会发展的必要条件，是生产工业化、信息化、产业化和现代化的重要支柱，在经济社会发展中起着重要的战略性、基础性和先导性作用。

1. 职业教育为经济发展创造了必要的基础条件

职业教育为经济与科技相结合提供了桥梁和纽带。

2. 职业教育具有直接将人由潜在劳动力转变为现实劳动力的作用

职业教育是教育与经济的结合点，是增加物质生产过程中智力因素的重要手段，是培养受教育者直接从事某种职业的一种专门化教育，在开发和提高人的劳动能力方面以直接、快捷、效果明显而著称。

职业教育直接将人由潜在劳动力转变为现实劳动力，是通过对劳动者进行职业能力和职业素质的教育来实现的。一方面，通过职业教育使学生掌握必要的文化基础知识、专业理论知识、实践技能及职业道德等职业能力和职业素质，将学生以其特有的方式从“学校人”向“社会人”“岗位人”转化，为其就业做好充分的准备；另一方面，随着科学技术的发展和知识经济的兴起，新知识、新技术大量涌现并不断产生新的职业，即使是某些已有的职业，也在不断地注入新技术。职业教育对已经走上工作、生产岗位或需要转换岗位的人员，以及正在谋求就业的人员进行履行岗位职责所必需的文化知识、专业技术和实际能力教育与培训，使受教育者以职业技术培训的方式从“社会人”向“新岗位人”转化，使其具有综合运用专业知识解决具体问题的能力，具有解决现场突发性问题的应变能力和一定的操作能力，以及将职业道德等技能转变为现实劳动力的能力。

3. 职业教育是提高劳动力配置效益的重要方法

职业教育，尤其是适当的职业指导，能将不同能力倾向、兴趣爱好的人导向相应的职业岗位，使个性特征与社会需要相结合，充分发挥人的潜能，从而提高劳动力的配置效益，促进经济的发展。职业教育通过专业结构、层次结构的调整以及继续教育，促进劳动力的合理流动，促进社会经济的发展。在经济发展缓慢期，对劳动力需求缩减时，通过职业技术对劳动力的培训可以暂时将劳动力储存起来，减轻劳动力过剩对经济发展产生的压力，调节劳动力与经济发展之间的供求矛盾，为经济健康发展服务。

4. 职业教育是提高劳动生产率的重要措施

职业教育通过培养劳动力的专业素质，发展劳动力的智能，塑造其思想品德、人格，传授生产技术来提高劳动者的劳动生产率，进而促进生产由简单劳动密集型向复杂劳动密集型，即技术密集型转变，实现职业教育对经济的促进作用。职业教育依据人的身心发展规律，传授系统的技术知识，训练科学的生产技能，循序渐进地开发个体在职业方面的潜力，使个体获得职业所必需的知识、技能以及自我学习的能力，促进个体在职业岗位上提高劳动生产率。职业教育通过提高劳动力的技术水平，发展其智能，使劳动者提高运用新技术、新工艺、新设备的能力，并能使劳动力有更多的技术革新和生产创新。职业教育通过培养劳动力的安全意识、设备保养和维修能力来减少生产事故，降低生产工具和设备的损坏率。职业教育通过塑造劳动者的政治观念、职业道德、专业思想，影响劳动者的劳动态度，从而间接影响劳动生产率。职业教育通过塑造劳动者的现代人格，实现劳动力的现代化，使劳动力能认同现代企业文化，能与现代管理要求相一致，提高管理的效能，从而提高劳动生产率。

5. 职业教育是提高经济管理水平的重要因素

经济组织中能否进行现代化的管理，管理的有效程度是与劳动力的素质有关的。职业教育通过塑造劳动者的现代人格，实现劳动力的现代化，从而使劳动力能认同组织文化，能与现代管理要求相一致，并积极配合管理的施行，提高现代管理的效能。经济管理者的来源之一是生产服务第一线的人员，这是职业教育的主要对象。职业教育还可通过对文化、职业道德等因素的影响对经济发展产生间接作用。

职业教育要想促进经济发展，自身发展必须适度，其规模要与经济发展要求相一致，要与经济发展的承担能力相符合。这就要求加强职业教育规划与预测工作，提高职业教育决策的科学性。同时，要引入市场调节机制，通过劳动力市场的供求关系来实现对职业教育规模的调节。

6. 职业教育是科学生产和再生产

职业教育是科学知识转化为直接生产技术的重要途径，具有将科学技术直接转化为推动经济发展动力的作用。

职业教育具有传递、积累、发展和再生产科学技术的社会经济功能。职业教育具有使科学转化为生产技术的中介环节的作用。职业教育也是科学知识再生产和科学转化为生产技术最为有效的形式。随着时代发展和科技进步，这一作用将更加凸显。

科技发展使生产劳动中的技术含量增加，推动了人们接受职业教育的需求。职业教育具有把科学技术转化为直接生产力的作用。它通过对科学技术知识的传授，使受教育者掌握现代科学技术成果，以科学技术知识的利用和推广的方式，将其转化为直接的生产力，从而保证科学技术再生产的顺利进行。职业教育的特征之一就是它的技术性。职业教育的过程就是对科学技术再生产的过程，职业学校的学生或从业人员，通过接受职业教育及其训练和学习，使其对传统的科学与理论、技术与方法有所了解，对新的科学与理论、技术与方法进行普及、应用和推广，把科学技术知识内化为教育对象自身的科技素质和能力，并通过各种实践对新的科学与理论、新的技术与方法进行新的探索研究，进行新的总结和概括、新的发明和创造，以促进科学技术的进步。

7. 职业教育具有转化现实生产力的功能

职业教育是先进的科技、设备和人力资源转化为现实生产力的直接桥梁，可以促进社会经济增长方式的转变和社会的可持续发展。

职业教育是促进经济、社会发展直接的、基础性的要素。经济社会发展的根本是生产力的提高，而掌握科学技术、运用劳动手段、作用于劳动对象的生产者是生产力的核心要素，而实践型人才和直接生产者的培养基础在职业教育。世界经济社会发展的新变化，以及中国的资源、能源、环境、人口等方面的制约，都要求将经济增长方式转移到依靠科技进步和提高劳动者素质上来。这就要靠职业教育把我国的人口压力转化为人力资源，促进科学技术向生产力的有效转化。

8. 职业教育是走新型工业化道路的纽带和桥梁，是中国制造向中国创造迈进的有力支撑

新型工业化道路主要是指科技含量高、经济效益好、资源消耗低、环境污染少、人力资源得到充分发挥的工业化道路。它的发展离不开足够数量的技术技能人才、高素质的劳动者。只有大力发展职业教育，才能提高全社会劳动生产技术的整体水平，提高全社会劳动力的整体技能素质。

若想实现“中国制造”走向“优质制造”“精品制造”，实现价值链与产业链的升级，核心需求是人才，是数以亿计的高素质劳动者和技能型中高端人才，而实现这一需求的关键在于职业教育。职业教育必须全面对接现代产业体系建设，即专业设置与产业需求对接、课程内容与职业标准对接、教学过程与生产过程对接、毕业证书与职业资格证书对接、职业教育与终身学习对接。职业教育需要调整专业结构，加强课程体系建设，与时俱进、不断拓展，培养大批中高端技能型人才，为实体经济与现代产业、新兴产业的发展提供重要支撑。

9. 职业教育对区域经济社会发展的促进作用

区域经济社会的发展取决于该区域拥有的物质资源、自然资源和人力资源，但根本上取决于该区域人力资源的质量，即劳动者的综合素质。高素质的劳动力资源和合理的人力资源结构是经济和社会发展的决定因素。职业教育作为人力资源开发的重要渠道是培养现实的、直接的生产力，解决就业难问题，提高经济增长率，改变经济增长方式的有效途径；是劳动人口转化为现实生产力的最佳途径。另外，职业教育对促进区域经济繁荣和改善贫困人口福利方面起着重要的作用。因此，职业教育发展的规模、质量和结构将直接影响区域经济和社会发展的总体水平。具体说来，职业教育在促进区域经济社会发展方面，主要有以下几点功能：一是促进区域较快地改造传统农业，提高农业劳动生产率，促进农村劳动力的转移，消除城乡二元经济特征；二是促进区域产业结构的调整升级，职业教育对于培养短缺的技术技能型人才，促进产业结构的调整和升级具有显著的作用；三是提高区域吸引外资的能力，职业教育在提高人们知识和技能的同时，还能够调动人们的积极性和主动性，培养和激发人们的道德精神，使其从事健康的、有益的活动，改善外商投资所需的社会、经济、制度、文化等环境，为外商投资创造一个自由、宽松和合理的空间；四是降低区域对自然资源的消耗，实现可持续发展。大力发展职业教育，提高劳动者素质和技能水平，可以直接促进科学技术的吸收、转化和创新；通过人力资源能力的提高对物质、能量和信息的结构增效、替代增效、转化增效和产出增效，将有效地克服传统生产力要素投入的边际效益递减规律，进而提高可持续发展的能力。

（二）职业教育的社会功能

1. 职业教育是人力资本形成的重要途径

（1）职业教育能将人口资源转化为人力资源

职业教育必将为人口资本的转化和人力资源的提升发挥巨大的作用。只有将人力资源作为第一资源，大力发展教育，开发人力资源，才能将人口资源优势转变为人力资源优势，把潜在的优势转化成现实的优势。

（2）职业教育是提高人力资源质量的最佳途径

大力发展职业教育和职业培训能够迅速提高劳动者的技能，进而提高人力资源的质量。一是职业教育通过培养人的职业道德、职业行业规范、敬业精神等来提高人力资源的质量。二是职业教育可提高人力资源的职业素质。职业教育是职业素质教育，对人的身心健康有极大的影响，作为就业准备教育，其重点是培养人的专业技能和各种职业能力，因而在提高人的职业素质方面具有其他教育形式所不具备的独特优势。三是职业教育规模的扩大，可以提高整个劳动群体的素质。职业教育和职业培训具有针对性强、教育周期短和收效快的特点。具体体现是教育效益比较直接，接受教育和培训的个人都能很快把自己学到的技术和技能运用到生产实际或经济建设的实际中去，并发挥所学知识与技能的作用。

（3）职业教育是促进人力资源有效使用和合理配置的有效手段

职业教育是在经济发展计划中实现劳动力资源平衡的一个杠杆。国家通过对各类职业教育发展的速度、规模进行有计划的调控，提高群众的就业能力，提供就业指导、职业介绍，影响群众就业方向，实现劳动力资源平衡。职业教育具有社会福利功能，即通过职业教育提高处于不利地位的社会群体的就业能力，扩大他们的就业机会，有利于相关社会问题的解决。可见，职业教育肩负着开发、调节、储备社会劳动力资源，促进经济发展、社会安定的重大使命。

2. 职业教育具有为促进就业和再就业提供服务和保证的功能，是解决就业问题的重要手段

就业是民生之本，也是长期困扰我国社会经济发展的突出问题，其直接关系到广大民众的根本利益。职业教育是解决我国就业问题的重要手段之一，虽然从辩证的角度来看，就业和再就业是制约职业教育发展的问题，但反过来，职业教育具有为就业和再就业提供服务和保证的作用：首先，要尽力发挥职业教育以就业为主的作用，突出职业教育的特色和优势，形成集学历型和非学历型、职前与职后培训于一身的职业教育机制，使受教育者有机会并有能力适应现有工作岗位及随时变化的工作岗位需要；其次，职业教育具有实施就业课程开发、职业资格的预测和指导咨询的作用，即职业教育必须围绕就业状况及再就业发展变化趋势进行课程和培训计划的开发与制订，并进行科学预测，为受教育者提供有使用价值的职业指导与咨询，实施教学与培训行为，促进各阶层人才更好地就业、再就业和自主创业。

3. 职业教育是推进城市化进程的重要动力，是迅速实现农村现代化进程的助推器

城市化是人类社会发展的一条客观规律，城市化的根本特征是农村人口向城镇转移，是农村劳动力从第一产业的农业转移到第二、三产业。进城寻求职业的农民有一部分文

化程度较低，适应不了先进技能劳动的需要，加强他们的职业技能培训是一项长期而艰巨的任务。职业教育和培训在农村劳动力转移的城市化进程中发挥着越来越重要的作用。

因此，必须大力发展农村职业教育。农村职业教育或农业职业教育如何为发展农业、改造农村、富裕农民提供有效的智力和技术支持，一直是政府倡导、社会关注、教育界参与的重要问题，也是我国职业教育和成人教育的重点和难点。

4. 职业教育是创建终身教育体系和学习型社会的重要支柱

社会发展无止境，科学技术和生产力的创新同样无止境。终身教育、终身学习和学习型社会是 20 世纪后期以及 21 世纪国际社会和教育领域影响力最大的现代教育思潮。职业教育和培训，既是与经济和市场直接联系的，培养应用型、技能型人才的就业教育，又是面向不同层次学生和全体社会人员的全民教育，是终身教育体系和学习型社会的重要支柱。因此，只有大力发展职业继续教育，才能为建构终身教育体系和形成学习化社会奠定基础，即在建构终身教育体系和形成学习型社会中，职业教育发挥着不可替代的重要作用。

5. 职业教育能提高人们的生活水平

职业教育能提高人们的物质生活水平与精神文化生活水平。用于职业教育的投资可以带来巨大的而且是长期的社会效益与经济效益，从而不断地增加物质财富，提高人们的物质生活水平。同时，由于职业教育体系渐趋完善，一定会吸引更多学生进入职业教育院校学习，从而促进文化教育的消费，起到推动经济发展的作用。

（三）职业教育的文化功能

职业教育不仅是在一定的经济条件下进行的，同时，也处于一定的文化背景之中。一定的文化背景与职业教育之间必然产生一定的联系。这主要表现在职业教育发展过程中，文化以其特有的约束力，以一种潜在的方式影响着职业教育，职业教育则通过选择、传播、整理等方式促进着文化的发展。

1. 职业教育具有保存、传递、更新、创造文化的功能

职业教育是随着人类社会生产和社会活动的发展而发展的，并与人类的伦理文化、科学技术文化、审美艺术文化、习俗文化等有着特殊的密切联系。职业技术院校进行的职业道德、职业纪律、职业责任和敬业精神教育，都弘扬着具有鲜明时代特色的伦理文化；工业、农业等专业的职业技术传授，都继承和发展着科学技术文化；工艺美术、建筑等专业的教学活动，传递着审美艺术文化；服装、饮食、旅游服务等专业，继承和发展了具有民族特色的习俗文化。职业技术院校在教育、教学活动中，通过选择、整理，去粗取精，使不同类型的文化更具民族性、地方性、时代性、科学性，使下一代成为以掌握某类文化为职业的专门人才。人类文化可以通过职业教育媒介向社会传播、普及，进行广泛的社会交流，进而推进建立与现代经济结构、与制度相适应的文化形态和文化结构。

2. 职业教育具有吸引和借鉴世界先进文化的功能

近些年来，随着我国改革开放的进展，职业教育开展了多方面的国际交流和协作活动，通过考察、引进，丰富了文化传播的内容，有力地推动了我国社会主义文化的发展。

3. 职业教育对企业文化的促进作用

现代职业教育与企业有着天然的联系，这种联系表现在文化上：一是聚合企业文化。反映一定历史时期企业文化的精髓，用现实生产力和生产关系的内核决定教育的方向和内容；复制企业的优秀文化，然后进行优化、强化，进而渗透在教育中。二是选择企业文化。企业文化有地域之分、绩效之分，甚至优劣之分，定向服务的职业教育必须根据人才培养的规律和自身面临的社会经济、文化背景和易于与校园文化相融合的角度来选择最合适的企业文化，这才是有效的。三是传递、传播企业文化。企业文化都有一个形成和发展的过程，在时间上职业教育通过传递使之延续，在空间上使之流动，可以让足够多的人接受企业文化，发扬和发展企业文化。四是创新企业文化。职业教育把现有的企业文化不断转化为学习者的知识、能力、行为规范后，又创造性地反作用于客观的企业文化，赋予企业文化以新的内容和特质，同时，在这一过程中，不同产业、不同行业、不同企业，甚至不同国度的文化通过职业教育相互交融，彼此促进。

（四）职业教育促进人的全面发展

1. 职业教育促进个体的全面发展

职业教育是实现人的全面发展的一种具体形式，并为实现人的全面发展提供了具体方式和手段；职业教育也是现实生活中实现人的全面发展的基本途径之一，对于人的成长价值有着三个层面的发展作用。

（1）最基本的层次：关注人的生存

职业教育对人的价值首先表现为满足人们生存的需要。从人的需要层次理论来看，生存是最基本的需要。从职业教育自身的发展水平来说，这也是最基本的层次。

（2）较高一级的层次：持续提升人的职业品质

这是建立在人的生存（生活）需求基本得到满足的基础上的。职业教育在满足人们生存需要之后，还具备更高层次的价值——培养具有良好的思想道德、知识技能和人文素养的技术技能人才。职业教育自身的发展也走向了这一步。

（3）最高层次的发展水平：实现人的成长

职业教育作为一种教育，其核心功能仍然在于促进人的发展，让每个人都成为有用之才，回应人们对美好生活的期盼。这也是职业教育所追求的终极目标，自然也是最高层次的发展水平。

职业教育最大限度地满足社会的发展需要，其实质就是最大限度地满足个体全面发展的需要。

2. 职业教育促进人的个性差异发展

职业教育强调人与人之间的个性差异和性格特征，以人为本位，以个体为本位，对不同类型学生进行关注和探求，满足人的个性差异发展和需求，为社会不同的人提供广阔的选择和发展空间，实现自我价值。

（1）职业可以满足人们展示个性和发展个性的需要

人的个性差异有先天生理与心理上的原因，更主要的是由后天教育、环境，特别是职业所形成的。人们可以通过对职业的选择，发挥自己的特长，满足自己的兴趣爱好，实现自己的理想。人的一生大部分时间都是在职业生涯中度过的。职业教育是以每个个体的具体的职业发展为目标，通过不同的专业或工种、不同的教育内容与形式来挖掘人的个体潜能，激发和张扬个体的特殊潜能。

（2）职业教育的专业或工种设置

职业教育以社会的职业分工为基础，较为具体地反映了社会中不同职业岗位对人才素质的不同要求。职业教育按专业或工种实施教育，为不同个性类型的个体提供了发展的选择性，有利于扬长避短。

（3）职业教育多层次、多规格的办学形式

职业教育可以通过定向教育与培训，开发个人潜能，发展学生的特殊兴趣与才能，促进和发展学生与所选职业有关的才能，充分发挥人的个性特长，使之顺势成才。职业教育多层次、多规格的办学形式可满足个体各种水平、各种目的的发展需要。

（4）职业教育有目的、有计划地系统训练

由于人的可塑性很大，兴趣、能力是可以培养的，职业教育能够通过有目的、有计划的系统训练，弥补学生在某种职业上才能的不足，有助于人的多方面发展和职业的流动与转换。这是职业教育在人的个性发展方面的特殊功能。

另外，职业教育能使每个受教育者都有充分的选择和发展的平台，充分体现个性化与人性化。

3. 职业教育促使自我价值的实现

职业教育是通向职业的必由之路，它以帮助个体就业、乐业、创业、立业为宗旨，自然对个体的价值实现有着重要的作用。具体表现在以下几个方面。

（1）职业教育赋予个体职业能力，使其成为现实的职业者

职业教育担负着把不具备任何职业知识和技能的劳动者转化为能够满足社会某种职业需要的现实职业者的任务，尤其是那些尚未找到自身社会角色的新增劳动者，职业教育是责无旁贷的引路人。职业教育通过对在职人员提供更新、更高水平的知识技术的教育和培训，增强应变能力，使其能够承担在知识、技能和态度等方面完成要求更高的任务。

（2）职业教育的德育

除了具有与普通教育所共有的目标、内容、途径，职业教育还承担起了帮助学生了解心理知识、培养健康心理、增进心理能力的义务；帮助学生培养健康职业心态和职业道德；培养学生学会与人和谐相处、与社会和谐相处、与自然和谐相处的能力。职业教育以就业为导向，以岗位技能为目标，可以有针对性地引导学生规划职业生涯，树立正

确的职业观念和职业意识。

（3）职业教育促进个体价值的实现

首先，职业教育是通向就业的必由之路，它以帮助个体就业、立业、创业为宗旨。通过职业教育可以提高个体的职业能力、提升其职业地位，引导、培养其形成正确的职业观，实现更高层次的自我价值。其次，职业活动是人生活中最重要的实践活动，职业教育在给予学生职业知识技能的同时，也给予了学生职业生活的体验，进而增进对职业意义的理解。职业教育倡导这样一种境界：一个人从事某种职业，不只是为了获得物质利益，也是对社会的贡献；不只是获得兴趣的满足，也是个人理想的实现；每个人的职业可以有所不同，而作为理性的生命个体，价值、尊严、精神是同等的。最后，职业教育体现在使人获得归属感与满足感。职业使人获得对社会、对集体、对行业、对单位的归属感，满足人对归属和爱的需要。择业的成功和职业上的成就，能够满足人们实现个人社会价值的需要，满足受到社会尊重的愿望。

4. 职业教育促进个体就业的功能

职业教育能使人掌握某一特定的职业技能，或获得某类职业中从业所需的实用技能和技巧、专门知识和技术，获得就业准入资格，以及具备从事某种职业的资格。职业教育这种满足个体基于生存目的的需要，就是职业教育的就业功能。

首先，职业教育是以就业为导向，继而与企业合作让学生在职场中学习技能、知识、职业价值观等，最终指向促进学生就业。职业教育采取“订单式”培养，企业把人才培养纳入自身的发展计划之中，职业院校依托企业有的放矢地进行培养，形成合理的产学链，促进了职业教育的优化发展，使职业院校培训的学生实现充分就业变为可能。其次，职业教育要培养学生的从业能力。在现代社会，个体要成为一个职业人，要融入社会，就必须承认和适应这种职业的规定性。职业教育能使人掌握某一特定的职业或行业，或某类职业中从业所必需的实用技能和技巧、专门知识和技术，获得就业准入资格，从而与这个职业共存。

5. 职业教育促进人的职业生涯发展

职业生涯是指一个人一生连续从事和担负的职业、职务、职位的过程，是人一生中最重要的历程，是追求自我、实现自我的重要人生阶段。它对人生价值起着决定性作用。职业生涯专指个体职业发展的历程，美国的职业指导专家萨帕（Sapa）把人的职业发展过程划分为五个阶段：一是以幻想、兴趣为中心，对自己所理解的职业进行选择和评价的成长阶段（出生至 14 岁）；二是逐步对自身的兴趣、能力，以及对职业的社会价值、就业机会进行考虑，开始进入劳动力市场或开始从事某种职业的探索阶段（15—24 岁）；三是对选定的职业进行尝试，变换工作，到逐步稳定的确立阶段（25—44 岁）；四是劳动者在工作中已经取得了一定的成绩，提升自己的社会地位的维持阶段（45—64 岁）；五是职业生涯接近尾声或退出工作领域的衰退阶段（65 岁以后）。我国专家也提出与之相似的划分方法，即萌发期、继承期、创造期、成熟期和老年期。职业生涯是一个动态的过程，不论职位高低，不论成功与否，每个工作着的人都有自己的职业生涯。职业教育通过开设职业生涯规划课程可以完成受教育者对自己人生的规划。

6. 职业教育为就业者提供职业保障或再就业帮助

个体在接受一定的职业教育或获得了职业资格并顺利就业后，还会面临新的职业挑战。这种挑战主要是：第一，新技术、新工艺的不断出现，需要从业者具备从简单劳动向复杂劳动跃迁的素质，即由仅具备单一的从业能力向复合能力转化。而在这种转化的过程中，必定会发生个体对职业岗位新要求的不适应。第二，因现代社会的进步和经济的发展，职业的流动和变换已成为一种趋势和必然。这就要求个体具有多种职业技能。第三，从个体自身出发，生存问题解决后就会有发展的要求，个体希望谋求职业状况或处境的改善，想要通过某种手段和途径实现社会地位的变动，尤其是那些处境不利或不好的个体要求更强烈，那么，最直接的方法就是通过更换职业来改变身份。职业教育能使个体较快地掌握新技术、新工艺和新的职业技能，这样就可以满足个体适应职业内涵变化或工种变换的需要，也可以满足个体对于职业的流动和变换的需要。通过职业教育与培训，劳动者的劳动能力能够不断得到提升，这样，在面对职业变化和转换时，能更为主动，更具有适应性，从而使个体的职业生涯及发展得到保障。

第二章 新时代背景下职业教育培养目标

第一节 职业教育培养目标的内涵

一、职业教育培养目标的定义

教育培养目标在教育领域中处于至关重要的地位，是不可忽视的最基础问题。普遍来看，其主要包括以下三个方面：把握知识、培养能力和铸造人格。这是国内学者根据国外发达国家的高等职业教育发展历程总结出来的知识本位、能力本位、人格本位三个阶段，每个阶段都和经济社会发展息息相关。

所谓“知识本位”，是指以传授经验、知识为主，并注重培养某种职业技能的培养模式；“知识本位”的特点是以学科课程为主，辅之以一定的技术课程与实践练习，追求理论知识的完整性、系统性和严密性，轻视理论知识的实用性和实践性；“知识本位”的课程体系由“基础课＋专业基础课＋专业技术课”构成。

“能力本位”模式从 20 世纪 80 年代引入，其具体是指对毕业生相关职业能力、技能的培养。这种能力、技能的培养往往需要借鉴目前已有的市场方向。同时，该模式也被称为模块教学，这个名字源于其教学方式——该模式将所学技能划分成多个模块，并对这些模块进行逐一教学，使学员逐个掌握，之后再将各个模块进行统一，达到技能的学习完善。这种教学方式在我国职业教育的课程改革过程中起到了关键的指导作用，大大促进了我国的职业教育发展。

“人格本位”以完善劳动者个体人格、提高劳动者个体素质为目标。“人格本位”认为，职业教育所培养的学生不仅应具有必备的知识与技能，而且还必须具有健康的职业心理和职业伦理道德，在面对新知识、新技术含量急剧增加与变化时，能用终身化的教育思想、积极向上的精神和自主创业的意识，去对待和迎接现实的和未来的职业生涯。

二、职业教育培养目标相关概念辨析

培养目标在职业教育领域有许多意思相近、容易被人混淆的相近名词，为了更好地把握培养目标的正确含义，从而对其内涵进行深入剖析，我们需要对其容易混淆的词进行异同比较，发现其特点。

（一）教学目标与培养目标

教学目标是指学校在教学过程中确立的目标，主要通过教学来实现，具体指在教学

过程中教师希望取得的教学效果。而教学是学校完成教育诸多方式中的一种，教育的最终目的是培养人才，所以可以说教学目标是培养目标的一部分，教学目标的完成推进了培养目标的完成，但并不代表培养目标的最终完成，教学目标是培养目标完成必经的一部分，人才的培养分为许多方面，教学只是其中的一部分，除此之外还有身体素质等方面的培养，可见，培养目标的完成是多方面综合因素的逐个完成。

（二）教育目标和培养目标

关于教育目标，目前人们对其含义有不同的理解。有人把教育目标理解为两层含义：既包括抽象概括的教育目的，又包括一系列具体个别的目标。在国外，一些国家的教育目的就是通过教育目标的形式来阐述的。也有人在理解教育目标时，把它等同于培养目标，为了不引起歧义，在这里使用培养目标这种提法。

三、高等职业教育的培养目标

职业的教育并不是单一的、某一种职业的教育，其常常因社会的进步、市场需求的改变而发生一定的变革。这就要求我们不能一味地依赖培养目标体系进行职业教育建设，而应该根据这个体系在不同地区的特色对其进行明显分区，通过对各类教育目标的了解来统筹整个培养目标体系。

第三次工业革命后，科技的发展愈演愈烈，科技浪潮席卷全球，并在21世纪带来全球的变革，为了适应时代要求，使得劳动力跟上时代发展，我国加强了高等职业教育。我国的高等职业教育大体上包括职业大学、职业技术师范学院、职业技术学院及专科学校、部分培养技术型人才的高等专科学校。其培养目标基本上就是培养高级应用型和工艺型的人才。

高等职业教育要培养“适应生产、建设、管理、服务需要的德智体全面发展的高等技术应用型专业人才。学生应在具有必备的基础知识和专业知识的基础上，重点掌握从事本专业领域实际工作的基本能力和基本技能，具有良好的职业道德和敬业精神”。

第二节　职业教育培养目标的确立

作为教育事业的一部分，职业教育既遵循着一般教育的规律，又有着自身的特点。因此，在确立职业教育培养目标的时候，既要从整体教育的现状出发，也要结合职业教育的性质及其发展，同时还要联系社会发展现状以及经济发展水平。

一、确立职业教育培养目标的基本理论

职业教育培养目标的确立需要一定的科学理论支持，以保证其科学化、合理化。对职业教育培养目标影响较大的理论分别是终身教育理论、人才结构模型理论以及职业分析理论。

（一）终身教育理论

终身教育理论对职业教育培养目标有着深远的影响。时代的进步导致社会对于职业技术人员的要求越来越严格，人类生活进步，促进了相关产业技术的更新，为了不在技术更新中处于落后地位，技术人才要根据时代要求不断进行自我更新，建立终身学习理念。

（二）人才结构模型理论

社会的进步发展对学生有了新的要求，而社会的分工与人才的结构相联系，社会分工情况的不同导致人才结构的不同，所以，职业目标、培养目标的确立就必须与一定的社会人才结构相适应，包括用以确定职业教育层次的人才的层次结构和用以确定职业教育的专业的类别结构。随着时代进步，社会分工不同，人才结构也会出现不同，我们要依据社会分工定期对人才结构进行调整。人才结构模型先后出现过“金字塔”型理论、“职业带”理论和“阶梯状”理论，以下做简单介绍。

1.“金字塔”型理论

“金字塔”型理论是传统的人才层次结构理论。这种理论虽然形象直观地体现了生产活动中各界及人员的所占比例、地位高低和称谓介绍，但是缺点在于幼稚地认为生产活动中各要素界限分明，甚至没有体现层次之间的协作关系、融合效果，与现实生活大大不符。

2.“职业带”理论

作为一种可以完整表示各个职位的地位及特点的人才结构理论，职业带理论很好地展示了职位的演变和彼此之间的关系。但是在现实生活中，工作内容并不能做到与职位一一对应，所以难免存在重叠部分。技术工人需要掌握实际操作，工程师主要侧重于掌握理论知识，而技术员需要做到两者兼顾。人才关系需求随着生产技术发展而变化，也可以通过职业带有所展现。工业时代初期，工程师和技术工人的需求占主要需求；20 世纪以来，对理论的要求逐渐增高，工程师的数量也随之提高，为了二者的衔接，技术员也逐渐处于工程师和技术工人之间。同时，该理论带状图又说明了一种情况：三者之间是存在明显界限的，不能混淆，各有分工且分工较为明确。

3.“阶梯状”理论

作为现代社会对于人才的最基本分类的标准，“阶梯状”理论已成为现代人才分类及分层的主要理论。该理论认为现代的人才分类主要根据人才的实际能力水平、素质高低、能力范围，属于哪种类型的人才进行，各类人才之间有所融合，也有其差异性存在。不同性质的工作岗位在不同的时代背景下有不同的人才结构框架，一种类型的人才能力有高低之分，不同类型的人才之间有所融合，这些铸就了总的阶梯状人才结构理论体系。这种结构模型在我们分析分类人才理论框架的过程中起到了一定的依据作用。我们依据人才在生产生活中的不同作用将人才分为学术型、工程型、技术型、技能型的分类方法，也是根据这个理论而总结获得的。对职业教育而言，它通常是指向工程型、技术型及技能型人才培养的。职业教育机构可以根据这样的人才结构模型，考虑人才培养目标的定位，并在全局上为受教育者的终身学习及可持续发展设计可能的通道，最大限度地实现人才的发展，满足时代对于人才的需求。

（三）职业分析理论

职业分析，顾名思义是对于职业要求的知识、技能和学员态度的要求进行分析，将各项工作内容、任务、完成的难度、工作质量标准以及对工作者的要求等进行分析，并根据职业分析的结果总结出该职业培养的标准，标准的确立更有利于职业教育培养目标的实现。

职业分析主要基于职业岗位进行相关的职业技能分析。只有了解职业岗位的需求和对于相关人才的各方面的技能要求，才能将该职业的要求标准加以确立，便于职业人才的培养。这就克服了职业教育的模糊性和随意性，为培养目标及整个教学设计提供准确的依据。

时代的进步也带来了分析方法的进步，主要体现在分析方法的多样化。任务分析表、工作要素法、艾莫门技术、PAQ 职业分析问卷、TTA 入门素质分析等方法的出现，提高了职业分析的准确性和科学性，使教育方法的分析成为科学的职业培养教育方法产生的必不可缺的因素之一。

二、确定职业教育培养目标的现实依据

职业教育培养目标的确立并不是纸上谈兵，要根据实际情况对已经确定的目标进行纠正、完善，由其现实依据得出与其实际经济水平发展情况相符合的职业教育培养目标。在这个过程中，国家相关政策、社会经济产业结构以及人才使用等方面的因素都会直接或间接地影响到职业教育培养目标的确立。

（一）教育法律、法规与政策

教育的发展不能与社会关系脱节，不符合教育法律、法规政策的教育方式只能在错误的基础上畸形发展，不利于学生的思想道德建设，所以，职业教育培养目标的确立要依据法律法规。国家实行劳动者在就业前或上岗前接受必要的职业教育的制度，即在其真正进入社会发展领域阶段之前，对于其自身的道德水平进行筛选把关，防止素质低下者进入社会并对社会公众造成伤害的情况发生，充分体现了教育中涉及法律法规的重要性。

（二）社会经济形态及产业结构发展的需要

前文提及，职业教育的发展与社会生产力、经济发展密不可分，主要体现在社会对于劳动力的需求决定了职业教育的培养方向，这就从另一方面体现了社会经济形态和产业结构对于职业教育发展的重要性。

首先，社会经济形态的拓展对于职业教育发展的意义在于对学生创业能力和竞争意识的培养。改革开放后，我国经济结构框架发生了很大的变化，由之前的国营经济发展成了现在公有制经济、民营经济、开放经济和劳务经济共同存在的局面。这就改变了之

前包分配的现象，使得人们竞争意识加强，更加意识到职业教育的重要性。

其次，随着时代调整的社会产业结构决定了职业培养的方向性。我国产业结构正在发生根本性转变，单纯依靠劳动力的传统行业中对人力的需要逐渐被机器替代，而对于知识型、技术型人才的需求越来越大，就算是传统产业，也已经不仅仅局限于对人才能做什么有所要求，而是要求人才可以做什么，会做什么，怎么做更简便。这就使职业培养对人才有了多方面的要求，致力于培养出全方面适应的全能型人才。这对直接面向社会生产第一线培养中、高级技术应用型人才的各级各类职业学校人才培养目标的确定产生了直接的影响。

最后，随着互联网的发展，越来越多的企业向国外发展，这就在人才的需求上加入了“国际范”：不能仅仅局限于国内的发展，而更应该趋向于国际的发展。随着社会经济发展全球化趋势的加快，现代企业都不愿意放弃国际上更强大的市场，大量的跨国公司进入我国，带来尖端技术的同时也造成了人才紧缺的局面，这为我国职业教育带来发展的机遇，职业教育开始向国际范围拓展，当然也对职业教育人才的培养目标、规格等提出了更高的要求，进而在一定程度上影响着各级各类职业教育培养目标的制定。

（三）学生发展的需要

教育的主体应该是学生，职业教育更是如此，要从受教育者的自身出发，不能急于求成，教育的成功与否不在于教育出多少人才，而在于教育出的人才有多高的水平与能力。当代许多教育机构过于追求教育的数量，却忽视了教育的质量，这就要求我们在确定职业教育目标的现实意义时发现其对于学生发展的需要，而不是仅仅限于教师的教学进程，要对学生的未来乃至毕业后的工作方面进行素质上的培养和深化。既要满足学生眼前的就业需要，也要着眼于学生今后人生完美发展的需要。

第三节 职业教育培养目标的素质

职业教育培养目标的基本内容主要涵盖“知、技、意”三个方面。“知”，是对知识的要求，指职业教育过程中受教育者的知识素质要求。“技”，指对于受教育者专业技术能力素质方面的要求。“意”，指受教育者对该阶段教育的领悟及受教育者对于知识和技能的自我延伸上的技能。这三个方面构成了职业教育培养目标的整体，各层次、各类型的职业教育培养目标正是通过这些方面的不同要求体现出来的。本节我们将对这三个方面的素质结构做简单介绍。

一、职业知识素质层面

职业知识素质层面对受教育者的实际知识是一种提升，主要在于拓宽受教育者的知识面，使其对于自己所学内容有一个形象的、大概的了解。它是职业教育培养目标的素质结构中最为基础的部分，主要分为科学文化知识和专业技术知识。

（一）科学文化知识

科学文化知识涉及的学科门类很多，包括人文、社会科学基础知识，自然科学基础知识及方法论知识，但这些知识具有了解和掌握两部分，与专业相关的需要进行掌握，与专业无关的只需了解即可。完整的科学知识有利于学生建立良好的科学素养。

人文、社会科学知识包括哲学、政治学、经济学、法学、历史和文学艺术等学科的知识。它们是学生能否形成积极向上的思想道德领悟和政治思想的重要保证。

自然科学基础知识主要是指数学、物理、化学、生物等基础学科的基本概念和基本事实的科学。我国在这方面的技术力量较为薄弱，因此自然科学基础知识的学习成了学生日常学习的重心，学校要引导学生自主思考，便于学生建立自己的思维方式。这些知识也有利于满足后期大部分产业对于人才的需要，是现阶段我国职业教育的重中之重。

（二）专业技术知识

一般认为，科学是回答是什么和为什么的知识，重点在于对自然规律和现象进行深层次探索；而专业技术则是回答做什么和怎么做的知识，将书本上的自然科技运用到人的发展中去，更具有实用性、定向性，是连接科学和生产的桥梁。专业技术知识按其内在逻辑关系主要分为两个层次：一是注重理论知识教育的专业知识领域；二是为适应某类职业岗位群的职业能力的要求而必须具备的专门知识领域。后者比前者更具有针对性，前者是为了学生毕业时获得一定的能力，而后者是为了学生在毕业时就业率的提升。

二、职业能力素质层面

能力是指顺利完成某项任务的心理特征，是个体从事一定社会实践活动的本领，它是在合理的知识结构的基础上形成的，是发展的基本而关键的条件。它包括以下几个方面的内容。

（一）专业能力

专业能力是指专业领域内从事生产、经营、服务等职业活动所需要的能力，作为知识和技能的综合，它在整个能力结构中处于核心地位，直接决定了受教育者能否顺利就业，找到适宜的工作。近年来，一些高等职业院校开始实行“双证书”制度，双证书一方面是指学生完成了基础知识的教育后的毕业证书；另一方面是指其取得了一定的相关专业知识的证书。这些做法对于提高毕业生的技能水平，促进能力训练的规范化，提升学生能力，提升就业率都具有积极作用。

（二）社会能力

与专业能力不同的地方在于，社会能力不能仅仅从书本上学习获得，更多的是在日常生活中、社团活动中获得。社会能力具体体现在受教育者的社会交际能力，涉及其人际关系的同时也考验对方为人处世的态度。而这些东西是书本上无法完全习得的，甚至老师也不能给予正确的学习方法，只能在日常生活中、人际交流中加以深化，从而获得学习的成功，人际关系的突破。良好的人际关系的建立有利于学生在日常的工作生活中、和团队的合作中取得成功，获得他人的帮助，将集体的力量发挥到最大。

（三）方法能力

方法能力是一种发展能力，是包括科学的思维模式和基本技能在内的职业技能，往往在工作方法和工作能力中有所体现。科学的思维模式并不是通过单纯的理论方法就可以得到的，而是需要融入生活工作实践和其他知识，由此形成科学地解决问题的思路。而基本技能是鉴别一个受过专业职业教育的人能不能适应当今社会职业生活需要的标准，它是当代工作者发展再接受能力所必需的。作为方法能力的基础，它涵盖了阅读技能、写作技能及计算机操作技能等多个方面，其中最应该被强调却又最易被人忽视的是阅读技能。现代社会知识如潮水一般涌向人们，能否科学地对知识进行筛选，得出有用的部分，与是否有科学合理的阅读技能息息相关。科学的阅读方法有很多，其中最有效的是精读和泛读的合理配合。此外，还应掌握文献查阅的方法，善于利用各种索引、书目、文献、提要、年鉴等工具书。

三、职业心理素质层面

职业心理素质是一个人顺利完成其所从事的特定职业所必须具备的心理品质，具体可分为职业动机、职业效能感、职业道德感、职业价值观、职业理想与追求五个维度。

（一）职业动机

职业动机在职业生涯中发挥着重大作用。职业动机指选取这个职业的理由、目的。这常常决定了毕业生能否长期坚守在这个职业岗位。近年来也成为企业选取毕业生的一个标准。往往我们是希望毕业生对于职业的选取出发点在于其对于该职业的爱好和兴趣，这样有利于毕业生在就业过程中获得自身的满足和成就感。如果一点儿不喜欢就贸然选取这个职业，只会导致在工作过程中感到疲惫不堪，最终离开。

（二）职业效能感

职业效能感是一种自信心的体现，是毕业生根据自我评估来确定这个职业对自己的吸引力，以及自己在这个行业中遇到问题时自我退缩的可能，由此判断自己对于该职业的心理承受能力，这也是当代对于毕业生职业心理素质层面的一个要求。

（三）职业道德感

职业道德感主要是指个体对职业道德标准的认识和体验，包括职业的荣誉感、幸福感、义务感和责任感等。其中，职业道德义务感和责任感在职业生涯中有着引导作用。毕业生需要对自己的职业有一定的责任感，社会中职业的类型有所不同，不同的人对此也有不同的理解。有的人瞧不起，有的人羡慕，而处于该职业的个人就要有一个正确的判断，对于自己的行为有社会责任感，这样有利于毕业生在遇到瓶颈时保持积极向上的心态，秉承着对团队的责任心将之进行下去，这有利于毕业生自身能力的提升，也逐渐成为企业选拔的一个标准。

（四）职业价值观

作为个体价值观在职业选择上的体现，职业价值观往往表现了一个人对于某种职业的愿望、喜爱和期待。这种职业的选择一般经过三个层次，首先是对于这个职业的基本分析，对这个职业的工作内容、工作方式、工作内涵有一个基本了解，之后对于这个职业的未来走向、工作的持续性有个大概理解，由此对于自己能否在这个职业上有所成就，有怎样的成就，有一个基本判断，最后对这个职业进行选择。这就要求我们在职业心理素质教育与培养过程中，正确引导学生对自己未来的职业正确评价，了解职业中的苦与乐，有一个正确的职业价值观，尊重每一份职业。

（五）职业理想与追求

职业理想与追求主要是指个体对将来所从事职业的前途与目标的追求与设计，主要体现在毕业生对于职业的憧憬和规划，希望通过职业中的奋斗取得相应的报酬，进而实现自己的人生价值和知识领悟，甚至在思想层面也有进一步提升，而个体的进步推动社会的进步，有利于国家的发展，职业理想与追求对于个体而言是实现自己人生目标的重大保证，将个体的想法提升到一个新的档次，有利于激发个体的奋斗热情，从而获得人生的成功。

第四节 职业教育培养目标的实现

职业教育培养目标的实现不是一蹴而就的，需要通过多个环节逐步实现，而这些环节中，最需要我们注意的主要有三个：首先是职业教育的办学理念，其次是职业教育的课程设计，最后是职业教育的教学模式。把握住了这三个关键环节，同时考虑到外部环境与政策因素，才能准确找出实现职业教育培养目标的措施。

一、实现职业教育培养目标的关键环节

职业教育在实现自己的人才培养目标时，要关注国际经济环境的挑战、政府的主导作用、社会（企业、行业以及家长）对人才培养目标的期望和满意度，这些外部的压力作用于职业教育的人才培养活动，推动着职业教育的不断发展。

（一）职业教育的办学理念

过去，我国将职业教育当作一项社会公共事业来办，这就形成了职业教育的政府性、公益性和无偿性特色。职业教育的政府性主要表现为由政府投资，由政府计划与管理；公益性主要表现为解决国有企业的人才缺额问题，解决适龄人口的就业问题；无偿性主要表现为受教育者接受教育却无须支付任何教育成本。这种理念导致我国对于学生的需求不多，恰好适用于企业的发展。这种理念下国家对于受教育个人实行包分配的制度，就业问题由国家负责。

现在，我国已明确将职业教育归入第三产业，而市场经济的发展及劳动力市场的确

立，使得职业教育具备了完全的市场属性。因此，职业教育必须将面向政府办学的理念转为面向市场办学的理念；将居高临下施教于受教育者的理念转为向受教育者提供教育服务的理念；将教育重点落在终结性教育评估的理念转为将教育重点放在整个教育过程的理念。这样，职业教育培养目标的实现就会从根本上得到保证。

（二）职业教育的课程设计

由于我国的职业教育并不是源于工业化进程的自然需要，因此，在相当长的一段时期内，从政府到民众都将其作为普通国民教育的一种附属、一种补充。除此之外，在许多人喊着增强对职业教育的重视的同时，却不断地将职业教育向普通教育靠近，削弱其特殊性，这就导致国家的职业教育与社会发展中的实际需求相脱节，矛盾也日益明显。

我国职业教育课程体系中教学课程设计的缺陷在高等职业教育中显著体现，而这种教育缺陷不仅仅是体现于课程的缺乏，更体现于许多专业技能的课程无法展开，许多特殊的技能知识也不能在高等职业教育中有所体现。不过，幸运的是，专业技能的补充完善工作正在如火如荼地进行着，许多高等职业院校希望通过其他训练基地的建立、专业知识的补充、实习的深化等方式来提升学生的专业知识技能及专业水平。

（三）职业教育的教学模式

教学模式是指在固定的教学理念下，根据受教育者的受教育程度寻找出最适宜的教育方式，以此提高其受教育的效率，以利于知识的传递和表达。

我国的教学模式主要由演绎训练模式和活动模式组成，采用课堂演说和实际操作结合的方式来达到受教育者获得技能的目的，然而现实情况下，真正将实际操作作为教学重点的学校少之又少。这就又一次体现了我国教育制度的一大弊端。首先，理论知识教育得再好，也不如实际操作给人的印象更深刻，受教育者在之后的日常工作生活中主要以实际操作为主，纸上谈兵毫无用处。除此之外，企业主要看中毕业生工作能力的提高，而工作能力、实践操作方法和技巧都只能在实际工作生活中加以挖掘、提升。

为什么以活动为主的教学方式应当成为主要教学模式呢？主要原因有以下几点：第一，在活动中可以提升学生的自主认知意识；第二，学生的全身心参与可以使之具有独立思考的能力；第三，活动对学生本身的专业知识、基础能力有一定要求，有利于学生完善其自身；第四，书本学习是一个人学习的过程，而活动的进行往往是团队的合作，有利于学生培养人际关系及能力；第五，当一切都准备好时，会激发学生完成动机的信心，有利于学生能力的提升。在职业教育对培养目标的达成过程中，这些优势恰恰弥补了其他模式的严重不足。因此，只有将活动课程模式与演绎、训练模式有机地结合起来，并以活动课程模式为主，职业教育的培养目标才能全面实现。

二、实现职业教育培养目标的外部环境与政策

（一）经济科技全球化带来的挑战

经济科技全球化进程，要求职业教育面向世界，在全球化进程中实现角色定位。当

今时代的发展迅速，这就导致对于人才的要求趋于国际化、世界化，人才的培养不能再局限于一科单门专业的培养，而应该是世界化多功能人才的培养。对于此时的人才，我们不能再局限于其现阶段所具有的能力，而更应该去寻找他之后发展的空间，这也是经济科技全球化带来的挑战，要求人才的培养要具有科学性、实践性。同时，知识化、信息化社会的发展，必将更新职业教育人才培养的目标和结构。知识经济、知识社会、信息社会，尤其是信息网络化的发展，必将改变人们的生产方式、工作方式、生活方式、人际交往方式，改变人的生存环境，对人的素质提出新的要求，职业教育人才培养目标必将随之而进行调整；科学技术的快速发展，也推动了知识领域的不断更新，这就要求人们在一次性学习的基础上，进行后期的不断补充更新，保证学习的全面化、时效性，这也是对现阶段人才自学能力的一种要求，只有真正符合这段时期的需要，现在学习的科学知识在未来才会进行不断延伸，才不会被时代淘汰。

（二）政府对职业教育人才培养的导向作用

为满足现代化建设对高层次职业人才的需要，近年来，国家和政府提出了大力发展职业教育的战略方针。正确发挥就业的导向作用，培养学生是为了社会的需要，要将学生能力的提升放在第一位；落实加强学生在实践中的进步，强调实践在学习生活中的重要作用；强调工读结合，确立半工半读的机制，在提升学生自主思考能力的同时，也减轻之后的就业压力；将东部的人员密集地区的就业市场进行充分利用，完善教育机制，给周围高等职业院校提供就业导向。这样，政府通过政策的导向作用，积极引导职业教育的人才培养工作目标更为明确，更为具体。

（三）社会期望对职业教育人才培养的要求提升

中国现阶段经济快速发展，科技迅猛更新，导致人才需求企业对于人才的选取已经不再满足于之前的毕业高潮，有些企业早早入校对学生进行筛选，寻找适合自己的学生。当今的人才市场已由卖方市场转变为买方市场。企业在选择学生时也将从“品牌”“质量”等方面对学生进行筛选，而学生和家长在选取学校时也开始侧重于学校的教学能力、质量标准等，高等职业院校不得不提高自身办学水平来吸引学生进入，并对学生进行筛选，从而选择、培养出高质量学子来满足企业对于人才的需求。这要求高等职业院校必须重视市场规则，但又不能完全依靠市场。在给学校投资上，政府要借鉴国外先进事例来完成优秀学校的转化，这时的投资已经不是单纯地为一个学校的师资建设等方面的投资，而是投资一个民族的未来。职业教育要以优质的教育服务、合理的专业结构设置，培养懂业务、有专长、熟悉国际规程、掌握信息技术、善于管理的复合型人才，实现自身和市场的“双赢”。

三、实现职业教育培养目标的措施

（一）强化职业学校内部管理

一个学校的质量能否有所保证，取决于学校的管理制度是否严格把关，“无规矩不成方圆”。要按各学校的培养目标及专业标准、行业标准，成立有法定地位的质量鉴定委员会，通过全员质量意识的形成，强化教师责任感，采用科学合理的管理方式来提升教育的水平，搞好教学过程的设计、执行、控制，使得各管理层次有明确的质量管理活动内容，各个部门可以分工合理，一同完成教育的基本内容，之后才可以在其他领域给予学生更大的提升。

（二）要具备合理的专业设置

专业设置体现了学校的专业水平以及在社会中的基本服务方向。专业的设置应该具备合理性，应该与市场走向相关联，有利于吸引学生的参与，有利于校方的就业率提升。高的就业率取决于好的就业方向，好的就业方向源于合理的专业设置，合理的专业设置在确定就业的同时，也有利于吸引学生的学习兴趣。

高职教育需要强调的是职业岗位工作的针对性、适应性和应用性，是直接关系着受教育者能否直接就业、就业好坏的技术专业，这时的专业设置没必要具有过强的学科理论性，而应该强调其在真正的生产生活中的运用，评估其在企业中是否具有可选择性，以提升就业率为目的，完成人才的分配，切忌发生过于强调科学理论知识而忽视实践内涵的情况。

在市场经济条件下，人力资源日益“市场化”，职业院校也日益成为国家人力资源开发的基本力量。职业院校的发展在很大程度上取决于其在人力资源开发方面的实力。在新形势下，社会职业岗位无论是数量还是内涵都处于高度的动态变化之中。这就要求职业教育在设置专业时，紧跟市场需要，面向社会职业岗位，既与社会发展保持相同的步调，又要考虑到学生对转岗或岗位内涵变化的适应性，为可持续发展做好准备。职业教育主要是为地方经济发展培养人才。考虑实际的就业情况时，职业院校也要考虑受教育者的实际使用区域，不同的区域因为实际生活情况、地域风俗习惯、地理环境的不同，产业的发展也不尽相同，有的产业发展迅猛，有些产业处于低谷期，这时人才的培养要以此为导向，确定人才的输出与企业的输入相适应，保证学有所用。同时，由于时代发展，这种需求也会有所变化，这时，我们就需要对这种变化采取一种理性的态度，辩证地看市场变化，分析这种变化的原因，将结果运用到教育中去。同时，要从市场需求出发，依据人才培养目标和培养规格的要求，加强专业设置的应用性，挖掘出新的专业，建立适销对路的专业或专业群，横向上，拓宽专业口径，淡化专业界限；纵向上，延伸专业内涵，改革传统专业，扩大专业服务范围。例如，一些高职的招生目录新录入了一系列像网络营销、现代物流管理、电子商务、财务管理等新的专业名称。这些专业由于应用性强，需求量大，在当今的人才市场上大受欢迎。

（三）要建立实践教学体系

职业教育培养的是中、高级技术应用型人才，因此，在教学中更注重学生的知识应用能力，即操作能力的培养。实践在教育体系中不可或缺，但之前的教育中始终没有将其贯彻落实，这就要求在之后的教学中要将其地位深化。在教学形式上，不仅要有一定的理论教学，使学生掌握基本理论与基本知识，而且要有大量的实验、实习、设计等实践教学，培养学生的综合职业能力。在实施教育参与对象上，既要有校内的专职教师，又要有校外的兼职教师和实习单位的指导教师。在教学手段上要实现现代化，运用多媒体教育技术迅速、高效地为职业教育教学提供各种所需信息，提高教学效率和教学质量，建立具有职业定向的，体现知识、能力、素质相结合的实践教学体系。

（四）创设职业学校校园文化环境

职业院校是培养高技能人才的阵地，构建一个美好的校园环境对于学生的成长发挥着至关重要的作用。一个好的环境会在潜移默化中提高学生的能力和素质，当学生有所懈怠时也会因为人的勤奋重新燃起积极向上的动力。

职业院校的校园文化同时也是一种特有的社区文化，它在培养人才上有以下几个特殊的功能。首先是价值观的导向功能，它能为学生树立社会价值观念、活动文化、精神文化、人生价值、审美价值、生活方式、人际交往、行为方式等方面的导向。其次是示范与辐射功能。通过培养品学兼优的学生，引导社会全面健康发展；通过向社会输送优秀技能型人才，推动社会进步；通过学术研究、文化传播、道德责任、精神风貌，对整个社会产生深远影响和广泛辐射。最后是凝聚功能。校园文化具有较大的凝聚力和向心力，可以激发师生的群体意识和主观能动性。在校园文化的作用下，学生、教职工会不自觉地拧成一股绳，为学校、班级的荣誉和形象“心往一处想，劲往一处使”。这种校园文化会逐渐转变成一种动力，鼓舞学生奋发向上、团结勃发，并对他们的言行举止起到一定的规范作用，使他们的责任感、使命感、荣誉感、自豪感、成就感融为一体。职业学校校园文化应着重体现在治学严谨的管理文化、贴近实际的实践文化、言行一致的诚信文化、注重创新的学术文化、甘于奉献的实干文化五个方面。

第三章 新时代背景下职业教育体系

第一节 职业教育的结构和体系

一、我国职业教育结构的发展趋势

（一）层次结构

在层次结构高等职业教育日渐完备，但高等职业教育中缺乏本科和研究生层次。同时，在大城市和经济发达地区，职业教育已呈现高移态势。近两年高等职业教育出现的问题之一，就是对这一形势缺乏足够的认识和预见，表现在对高职发展的决心和力度不大，限制在“三改一补”等。

（二）类型结构

类型结构呈多元化趋势，随着教育的普及和群众对教育需求的多元化，从个性发展出发，给学生以更大的选择余地是当今教育发展的趋势。高职中有独立设置的专科、职业大学、职业技术学院也有中高职合作的“3 + 2”高职和设于中职中的“3 + 2”高职班。从学生的入口和出口来看也呈现多元化的趋势。

（三）布局结构

布局结构趋向区域化。随着经济体制的改革和政府职能的转变，国家部委主管职业教育的情况已经改变，职业教育主要由地方管理，为地方经济服务。学校布局、专业布局都将区域化，并向社区化发展。

（四）专业结构

专业结构综合化、基础化已是当前职业教育专业设置的共同趋势，狭窄专业已为职业群或岗位群的专业所代替。

（五）课程结构

模块式课程已开始代替学科型课程以及文化课、专业基础课和专业课三段式课程，文化课比重增加并受到重视。这是由学科的综合化、知识应用的综合化趋势，以及有利于知识的横向扩展与纵向提高和学生继续深造的需要等所决定的。

二、职业教育体系的构成

职业教育是一个十分复杂的系统，有三个大的体系，在职业教育的系统中这四个体系是缺一不可的。

1. 开放的培训体系

开放的培训体系要求学制、学校、各类培训机构以及教育与培训的方式手段等都应是开放的。

2. 完备的职业指导和就业咨询体系

职业指导是使人职业化，即从准备职业、选择职业、为职业做准备、从职从业直至职业生涯的结束，由学校或社会提供的专业化指导。因而，职业指导是职业教育的重要组成部分，应该有专门的组织机构进行规划，在学校和劳动部门、劳务市场设置职业指导员、指导教师和职业咨询机构，并从中央到地方形成系统。此外，还要有培养职业指导人员的教育与培训系统。要想建立完备的职业教育指导体系，还需要做很多工作。

3. 有效的支持体系

要发展职业教育，必须有一个完整和有效的支持体系。除经费保障外，支持体系还包括科学研究、师资培训、专业目录和教学大纲的制定、教材的编写与出版、教学设备的研制、生产、配备等。

三、建立职业教育系统的原则

总的原则是从中国的实际出发，可以借鉴国外经验，但绝不可照搬，应记取历史上这方面的经验教训。职业教育的体系，必须有利于普及，有利于个人的发展。所以，构建职业教育系统应遵循以下原则。

1. 多轨并行

多轨并行即普通教育学校中的职业教育课程与职业学校并行；对青少年和对成人的职业教育并行；全日制的与半日制、业余的职业教育并行；学校学历职业教育与各种培训班、学徒培训、自学考试并行；教育部门办学与劳动部门、行业、企事业单位和各种社会力量办学、私人办学并行。特别要充分利用现代化传播手段，缩短发达地区与欠发达地区的教育差距，努力扩大受教育面。

2. 沟通协作

沟通协作即就业前与就业后职业教育的沟通与协作；职业学校与行业、企业及其培训工作的沟通与协作；职业学校和职业培训机构的沟通与协作；中等职业学校与高等学校、科研院所、科技推广机构的协作；各类职业教育机构之间的协作，建立地区性或行业性的职业教育中心等，以提高职业教育的总体效益。

3. 梯形层次

从我国的国情出发，职业教育的重点在高等职业教育，但数量最大的，特别是农村和经济欠发达地区，是初级职业培训和实用技术培训。因此，职业教育的结构层次应是梯形的。在大城市和经济发达地区以高级职业教育为主；在贫困地区结合普及教育情况进行分类职业教育：发展成人职业培训。

4. 灵活开放

职业教育要面向所有未就业的适龄青少年，也面向全体从业人员，面向不断变化着的社会与经济需求，为人民群众的求职、就业、发展和社会的进步服务。因此，职业教育的生命力就在于尽可能满足各种层次人们的各种职业需要，因此办学必须是多形式、多层次、多规格的。在入学条件与方式、学习时间、教学组织、教学管理、结业方式等方面尽可能给受教育者以方便，既要灵活又要开放。灵活指不拘一格，开放指面向全体劳动者。应该努力做到使每一个劳动者在其需要的时候，都能够受到与其需要相适应的、必要的职业教育。

5. 相互衔接、殊途同归

职业教育的办学形式尽管可以多种多样，但不等于不要一定的规格要求。各级职业学校有自己的教学目标，自不待言，特别要注意的是课程的相互衔接，职业培训要制定培训规格，各种短训也要有明确的教学目标。这里模块式课程或板块式课程是解决这个问题的可行办法。职业教育应做到使受到不同水平的职业教育的人，能够获得接受高一级教育的机会和能力，使劳动者有继续提高或转业的可能。总之，无论何种类型、何种层次的职业教育其目的都是一致的，即使受教育者不论通过什么途径，学校的或自学的、全日的或业余的、集中的或分散的，等等，最终获得从事某一职业的资格，获得职业资格证书，这就是殊途同归。

第二节　职业教育评价体系构建

一、职业教育的课程评价

（一）职业教育课程评价的功能

职业课程评价主要用来检查职业课程开发和设计的成果，诊断存在的问题，提高职业课程的质量，具有检查和控制、激励、反馈的功能。在职业课程开发阶段，涉及专业课程方案及教学计划、课程标准及教学具体进程、单元课的设计与实施、学业课业策略与方法等诸多关键问题，一切都要改革、更新，开发的每个程序、每个步骤都要高质量完成。因此，课程开发过程的每一个环节都要注重检查和控制开发的质量。课程开发的过程性评价正是为了解决这个问题而设计、进行的。课程开发的过程评价，可以使课程开发者及时看到课程开发的阶段性成果和不足，使他们享受步步成功的喜悦，并及时找出差距，以便更好地推进开发工作。课程开发评价可以为课程开发主体提供课程开发各个阶段和整体的信息，帮助开发主体调控其开发过程和质量。

（二）职业教育课程评价的程序和方法

1. 评价程序

（1）提出问题

主要是明确评价目的和具体要求，即通过评价要解决什么问题。课程评价的目的反映了评价者的课程观、教育观，也影响到评价方法与工具的运用。

（2）准备评价阶段

具体工作有以下几项。

第一，成立评价组织。课程评价作为一项有组织有目的的活动，不是个人行为，必须由一定的组织机构或部门来承担。第二，分解评价目标、确定评价准则和指标。这里确定评价的指标体系最为关键，要找出代表性的主要行为和能反映对象的本质属性的项目，然后进行分类，确定评价项目、权重和指标体系，并要考虑操作的可行性。第三，准备评价方案。评价方案的内容主要包括评价的目的、原则、对象、指标体系、评价方法、评价的组织及时间安排。这些都必须在评价方案中清楚地表述出来，以便于执行。

（3）评价实施阶段

评价实施阶段包括收集、分析、处理评价信息，解释评价资料。

（4）做出判断、撰写评价报告阶段

课程评价结束后应该把评价的结果以书面的形式报告给课程实施人员、教育行政部门，或其他需要知道、了解课程评价结果的人群。

2. 评价方法

（1）建立评价指标体系

根据课程开发目标体系建立一个评价指标体系，包括评价的各级指标、观测点和评价标准、等级、权重和分值等。

（2）确定收集和处理评价信息的方法

收集信息的方法：观察法、调查法、测验法、个案研究法等。

处理信息的方法：定量分析法、定性分析法、定量和定性分析结合法等。

二、职业教育的学业评价

（一）职业教育学业评价体系的构建

1. 相关概念的界定

（1）职业教育学业评价体系

职业教育学业评价体系是指为有效开展职业教育学生的学业评价所设计、建立和实施的相关要素与组织联合体。与普通教育学生的学业评价体系相比，职业教育学生的学业评价体系具有以下两大特征。

①职业教育的学业评价体系应该具备更大的包容性。普通教育学生的学业评价体系停留在学习能力评价、智力评价、个性评价、身体健康和基本实践能力评价等几个方面，而职业教育学生是未来的一线实际操作者，应通过其综合运用专业知识与技能解决技术工作问题并取得经济效益的能力进行评价。所以，学业评价参照企业用人标准和工作绩效考核标准，将职业能力、职业道德、技术水平等作为评价要素非常必要。

②职业教育的学业评价体系评价具有多主体性。虽然，普通教育也强调评价的多主体，但在传统上总是将教师认定为评价的唯一主体。然而，与职业教育对接的是职业标准，实践的是岗位工作任务，企业是最终的评价主体。在企业岗位学习期间，体系更强化了企业在评价中的主体地位。所以，职业教育学业评价的主体不只是教师、学生，企业负责人、岗位实习带领人等都参与其中。

（2）“以工作过程为导向”课程体系框架下的学生学业评价

研究建立适应“以工作过程为导向”课程体系的学生学业评价，重点是研究探索学生学业综合评价的内容、标准、方式和方法，通过制订学生学业综合评价方案，全面、客观地评价学生达到专业培养目标和人才培养规格的水平。“以工作过程为导向”课程体系框架下的学生学业评价吸取了传统评价的优点，又刻意解决不适应新型人才培养的问题，在评价理念、评价理论、评价实践上进行了新的探索，从而建立起更加有利于职业人才成长的导向、评价机制。

2.“工作过程导向”课程的学业评价体系结构

（1）职业技能鉴定

职业教育是以就业为导向的教育，学生毕业时要具备就业准入资格。因此，除了获得职业教育学历证书，职业技能鉴定证书的考取也是重要的内容，在课程体系开发时即将职业技能鉴定的相关内容和标准融入课程。

（2）学业综合评价

按照“课程评价 + 顶岗实习评价 + 职业技能鉴定”的基本结构，课程评价大多以课程学业成绩（五级等级分）呈现，顶岗实习大多以鉴定形式呈现，而职业技能等级则必须有证书原件。新型职业教育学业评价结果的形式多样，最终呈现给用人单位的最有说服力的是一系列评价记录或证据。根据校企合作取得的共识，企业认可的有成绩单、评语、职业资格证书及特殊要求的证书、实践经历证明等。因此，学业综合评价结果可以有如下几种呈现方式：“课程学业成绩 + 实习实践成绩 + 评语”“课程学业成绩 + 实践证明 + 证书”“学习成长记录 + 学校推荐书”。

（二）职业教育学业评价的标准

1. 课程标准

“工作过程导向”的课程开发采用典型职业活动分析方法，其中特别注重分析职业标准，及完成典型工作任务所遵循的职业规范、工艺标准、服务规范以及质量标准，强调按照产品生产的国家标准、行业标准以及产品质量要求确定教学考核内容与标准，这就保证了专业课程与职业标准对接。同时，在考核定位上，参照国际证书、知名企业的认证要求，让学业评价有了可靠的根基。

2. 国家职业资格标准

国家职业资格标准整体上略高于国家相应的职业资格等级标准的要求，既参照专业培养目标中应达到的职业技能等级证书要求，又充分考虑职业资格证书要求滞后于产业发展的新技术、新工艺、新标准的现实，在制定课程标准时根据企业的建议做出了适度的调整，以保证课程要求与企业工作的实际相吻合。

（三）职业教育学业评价的方式、方法

1. 职业教育学业评价的基本方式

职业教育学业评价的基本方式有激励式、展演式、合作式、对照式、互动式、推优式、角色式。

2. 突出多元主体作用的学业评价方法

突出多元主体作用的学业评价方法，有个体评价、小组评价、教师评价、企业评价。

（1）个体评价

个体评价是学生对自己的客观评价，其作用是增强学生的标准意识、规范意识、质量意识，逐步提升评价能力。个体评价又可细分为自我评价（按照预先给定的评价标准进行自我评价）、反思评价（以反思记录的方式，如成长袋或课业手册，对自己做出评价）、自测评价（采用统一编制的检测题，完成检测并直接得出考核评价结果）。

（2）小组评价

小组评价又可细分为自我评价、组内评价、角色评价、组间评价。自我评价是指依据预先给定的评价标准对本组进行自我评价。组内评价是指组内各成员之间互评，一般要在个体自我评价的基础上进行，有利于对评价标准的理解。角色评价是指评价人通过虚拟模拟角色的方式进行评价，可以让多个学生扮演角色，提高其考核评价能力。组间评价是指各组之间的评价，一般采取推优评价、打分评价、对手评价、第三方独立评价等。

（3）教师评价

教师评价可细分为量化评价、比较评价、生成评价、图像评价、成长评价、学期总评。

（4）企业评价

企业评价可细分为过程评价、终结评价、技能大赛评价、综合实训评价。其中，综合实训评价是对在实训环境中进行的带有一点综合性的学习工作任务进行评价。综合实训更加接近企业的真实生产任务，因而有必要聘请企业专家参与考核评价。

三、职业教育的质量评价

教育质量是职业教育实现可持续发展的关键，强化质量建设是职业院校发展的核心竞争力，是职业教育的必然选择。职业教育质量评价是教育评价理论在职业教育领域的应用研究分支，也是教育管理学中的一个重要问题。

（一）职业教育质量评价体系的构建

1. 建立职业教育质量评价体系应遵循的原则

（1）整体性原则

职业教育质量评价是一个系统工程。在全面分析影响职业教育质量各个维度和相互关系的基础上，要使影响教育质量的各要素、教育过程各环节紧密联系，形成有机整体，

以便进行有效的评价和诊断。

（2）开放性原则

应把行业、企业人才需求规格作为人才培养质量评判标准，将行业、企业对培养人才的满意度、学生与家长的满意度作为教育服务质量的评价标准，建立一个开放的而且是内部、外部教育质量评价主体共同参与的职业教育质量评价体系。

（3）发展性原则

在评价方向上，不仅注重专业现实状态，更注重其未来发展，通过确定发展需求、制定发展目标、提供发展条件和机会，由浅入深，由初级目标向高级目标稳定推进，促进不断发展，以实现更高目标。

2. 评价标准分析

总体来讲，指标评价标准应以职业教育质量评价原则为指导，在综合考虑社会经济发展形势、职业教育现状以及评价范围内职业教育的总体状况的基础上来确定。职业教育质量评价标准制定的基本原则应该是以就业为导向、以综合职业能力培养为核心、以最大限度满足社会需求为目标。需要说明的是，职业教育质量评价体系确定之后，根据评价对象和评价范围的不同，还可进一步细化和改进，以适应相关评价工作的需要。根据职业教育质量评价主体的不同，以政府为主体、以社会为主体和以企业为主体的职业教育质量评价均可建立能够体现其各自特点和评价目标的职业教育质量评价体系。

3. 评价对象、主体、结果分析

（1）评价对象分析

根据评价对象的不同，职业教育评价分为对职业院校的评价、对职业院校教师的评价、对职业院校学生质量的评价等。

（2）评价主体分析

根据职业教育质量评价主体的不同，职业教育质量评价可划分为政府评价、社会评价和学校自我评价。

（3）评价结果分析

职业教育质量评价的最终目的在于提高职业教育质量，推动职业教育不断满足社会发展需求。因此，职业教育质量评价的最终结果应当是为职业教育的管理部门和实施单位提供信息参考和决策依据，促进职业教育的发展。从这个角度来讲，评价结果是否真实合理具有重要意义。鉴于职业教育评价方式的多样性，评价结果应主要考虑评价主体、评价标准的侧重点，还有评价方法的区别。

（二）职业教育质量评价策略

1. 树立科学的职业教育质量观

树立科学的职业教育质量观是建立我国职业教育质量监控与评价体系的前提和基础。长期以来，我国传统的评价学生的尺度是以所学知识的多少来衡量的，而当今各国的职业教育都在以培养有创新精神的人才为目标。对此，职业院校必须改变陈旧的思想意识，确立以技术应用能力和创新能力为主体的综合质量观，把创新能力作为衡量人才质量的重要依据，以适应新时代的要求。

2. 以教学质量为核心建立科学的评价体系

职业院校教学管理要坚持质量、规模、结构、效益相统一的原则，把改革教学、提高教学质量放在各项工作的核心位置，定期检查和评价学校的教学条件、教学水平和教育质量，建立严格而有效的教学管理监督制度，全面提高人才培养质量的有效评价机制。这就涉及教学质量评价体系的设计问题，要明确适合学校发展水平的教育质量检测点，有针对性地把握学校教学发展中的问题，切实为职业院校发展服务。

3. 制定科学的评价方法

在复杂的评价实践中，我们应把定性与定量评价有机结合起来，把内部评价和外部评价、形成性评价和总结性评价、单项评价和综合评价、相对评价和绝对评价等根据实际情况灵活地加以运用。我们建立的评价机制应注重社会发展和经济发展，以使评价有社会导向的功能，通过评价的指标和内容的设计，引导优化专业结构。职业院校应根据评价结果及时调整专业，改革课程与教学，培养市场需要的人才，并注重跟踪毕业生就业及其发展情况。

4. 建立国家、地方、职业学校三级质量评价与监控体系，明确各方责任

国家、地方、职业院校作为职业教育质量评价组织实施的主体，在职业教育质量评价中发挥着各自不同的作用。国家和地方两级政府的评价在促建、促改、促管和促质量提高等方面作用显著。学校的自我评价有利于避免政府评价的弊端，有利于激活职业院校内部发展机制，是职业院校教育质量提高的重要保证。因此，我国应建立国家、地方、职业学校三级职业教育质量监控体系，形成对职业教育质量多角度、多方位、多层次的监控。

第三节　职业指导的理论与实践

一、职业指导的基本理论

（一）职业指导的理论基础

1. 职业的定义

职业指导的理论基础，首先是基于职业的本质与作用。职业的载体是人，没有人也就无所谓职业。人类社会生活的长河是无限的，作为个体的人只能在其有限的生命的时间之中和在其活动的有限空间之内，在社会分工中占一席地位，这就是他的职业。所以，职业的本质含义是人对社会的关系。

2. 职业的社会意义与作用

社会性生产导致社会分工，分工产生职业。职业一旦产生就成为社会中的独立存在，成为人们认识、选择、从事和发展的对象，具有重大的社会意义，表现在以下几方面。

职业是现代社会组织的基本构架。复杂的社会分工构成了现代人类文明社会的复杂结构，随着生产力的发展，社会分工越来越细，越来越复杂。现代文明社会结构不仅有经济、文化、教育、军事、外交等各方面，每个领域中又有各种不同的层次和结构，构成极其细致的社会分工和千差万别的职业，是现代社会组织的基本构架。

职业反映着社会生产力和分工的水平。职业的种类是社会生产力的水平和社会分工水平的具体表现。生产力决定社会职业的产生和消失，有什么样的生产力才会产生什么样的职业。社会分工的水平越高，职业的分类越细。职业分工直接影响教育体系、职业学校专业设置和培养目标。

职业分类反映社会的经济、产业及人力资源结构。职业的社会构成，从事哪种职业的人数、比例反映了社会的经济结构、产业结构、人力资源的配置及其构成关系与比例，反映了社会所能提供的职业的种类和数量。

（二）职业指导的价值

职业指导对社会而言，是社会对其成员在职业问题方面所进行的连续性的专业性的辅导工作；对学校而言是教育工作的一部分；对个人而言是实现其生涯设计的一种指导和帮助，具有特殊的价值和效用。从中学生的职业指导而言，有以下三个主要的方面。

1. 社会价值

一是通过对社会劳动力需求的预测和就业现状调查，给予学生引导、指导、疏导，合理开发利用人力资源，调节供求关系，有利于实现对社会劳动力的宏观调控。

二是对择业者及用人单位进行双向指导，促进创业与就业，有利于减少失业，保持社会稳定。

三是引导学生树立正确的职业观，促进人职匹配，使事得人、使人得事，增进职业效益。

2. 教育价值

（1）实现三级分流的途径，促进教育制度向多样化发展

职业指导帮助学生选择就业的方向，确定今后个人发展的途径，使学生了解可以通过多种途径实现就业的不断提高，避免千军万马挤独木桥，实现合理分流，促进教育向多样化和终身化发展。

（2）实现素质教育的手段

职业指导是转变应试教育的重要措施，使学生从应付考试的书本知识学习转向获得今后从业能力的基本素质的养成。职业指导的过程也是学生全面素质发展和形成的过程。

（3）改革学校教育的动力，是改变应试教育的重要措施

现代职业对人才的需求表现为多样化、专门化和综合化。因而，我国的教育也正在从传统的精英式的选拔教育向普及的大众化的方向发展；选拔的标准从重学识、学历转向重职业能力和经历；职业的迅速变迁和流动，要求人们职业发展目标的多样化和职业

的适应性。职业指导就是要以现代的职业观念，去改变学校和学生的陈旧的教育观念，从根本上解决应试教育的问题。学校进行职业指导必然要了解社会、了解职业，了解社会对人才培养的要求，这就有助于更新教育思想，促使教育目标、内容、方法、手段的改革与现代化，增进教育效益；在职业学校对于专业设置与建设、课程的开发更具有重要的作用，使学校教学更符合职业的实际要求。

3. 个人价值

第一是以社会核心价值观为指导，认识社会、认识职业，树立正确的职业观；树立明确的人生目标和学习的目的性；树立全心全意为人民服务的思想。职业指导通过对职业的意义、产生与发展，对产业、行业、职业分类的介绍等为学生展示一幅广阔、明晰、具体的社会职业图式和可供学生选择的人生坐标，激发学生自我成长的自觉性。

第二是了解自己，探讨从事各种职业的可能性，职业指导帮助学生了解自我，发现自己的优点和潜能，了解成功的条件、能力的补偿和迁移、发展的机会和前途等。职业指导为学生开通了一条自审、自省、自我完善的科学通道，使学生能扬长避短、顺势成才。

第三是获得日趋成熟的职业意识，了解就业的形势和途径，获得择业、择校的能力，学会如何选择就业。

二、职业指导的原则与方法

（一）职业指导的原则

1. 科学性与导向性原则

职业指导必须坚持实事求是，不能搞形式主义和主观主义。以社会需求为基本导向，教育学生正确处理国家需要和个人志愿的关系；认识自己在职业上的可塑性和可迁移性；正确处理爱好、兴趣与现实选择职业的可能性的关系。

2. 客观的咨询性原则

客观的咨询性原则是以学生为主体的原则。选择就业的主体是学生，因此要由学生自己做出决定。职业指导提供的建议与咨询要客观，切忌主观和代替学生下决心。

3. 循序渐进的养成性原则

职业指导是一个教育和培养的过程，要遵循教育规律，系统地进行，不仅要使学生从理论上了解职业，更重要的是要在学校教育的全过程中培养学生适应职业的能力，着眼于学生的成长与发展，帮助学生做好生涯设计，而不能限于一时一事（如何选择学校、怎样准备面试、具体职业介绍）的指导。

4. 专业性与规范性原则

职业指导是一项专业性很强的工作，有自己的理论和方法体系，需要专门人才按规范进行。

（二）职业指导的方法

职业指导是一门被列入教学计划的课程，但与其他文化课程、专业课程不同，其教学目的更重视学生思想行为的变化，教学的多样性是其重要的特点。教学方法有讲授、参观、看录像、主题班会、角色扮演、社会调查、社会服务、收集与展览相关资料等；心理测试与咨询辅导；职业能力测试与咨询辅导；建立职业指导档案，进行职业指导工作成效的追踪与评估，可参照目标管理和系统工程的方法——设置目标、工作程序设计、工作程序结构、工作程序控制、反馈系统、绩效分析；建立学生个人职业指导档案；建立地区经济和就业趋势档案（数据库）。

三、职业指导的分类

（一）职业指导涉及面广泛，可以从不同的角度进行分类

从指导对象划分，主要可分为两大类，学校职业指导和社会职业指导。学校职业指导又可划分为小学、中学和大学的职业指导；社会职业指导包括对个人的职业指导和对企事业等用人单位的指导。

从指导的内容划分，可分为自幼开始的职业陶冶、职业准备与择业指导、就业与转业指导和职业发展指导等。

从年龄划分，可分为对未成年人的职业指导和对成年人的职业指导，一般而言，对学生的职业指导应属于对成年人的职业指导。

（二）各类职业指导的共性

不同类的职业指导既具有共性，也有各自不同的内容和特点。其共性表现在无论哪一类职业指导的逻辑起点都是生涯设计。

什么是生涯设计？一个人的一生是怎样度过的就是他的生涯设计。每个人都在走自己的人生之路，只不过有的人自觉，有的人不自觉或不完全自觉，而自觉和不自觉之间差别是很大的。

一个人不可能离开社会去走自己的人生之路，总要受到社会的规范和指导，职业指导是社会指导的一部分。以生涯设计理念为指导，职业指导不仅是为了帮助人们选择确定职业，更重要的是帮助人们掌握生涯设计的方法，树立正确的职业观和就业观。要从人的一生的工作着眼，帮助人们探索工作世界、认识社会，认识自我，了解各种可行性；学会如何在竞争中努力求存，掌握从事任何职业都需要的能力，如处理人际关系的能力和解决困难的能力，掌握生活技巧；帮助人们学会寻找工作的意义和从工作中得到满足，以及如何不断反省、检讨改进自己的工作，提高工作的效能等。

四、职业指导的内容

对高职学生指导的主要内容就是帮助他们了解社会、了解自己，学会选择、求职与就业。为他们介绍可能的职业选择范围，以及获得职业的途径。介绍详细的教育机会和

职业信息资源，当地的就业结构，各种职业的异同。使学生把对自己的了解与职业信息结合起来考虑。引导学生评价和分析职业信息，意识到职业选择的重要性以及产生的后果，帮助他们利用职业指导服务，作为学会决策的媒介，等等。

（一）正确认识职业的本质

职业是社会分工，只有职责的不同，没有贵贱之分。无论从事何种职业都是社会的平等成员，只要诚实劳动，都会受到社会的尊重。由于社会分工和分工中职责的不同，职业有层次之分，有复杂劳动和简单劳动之分，但就个人的发展和成就而言不存在高下之分，仅是发展方向的不同。因此，三百六十行，行行出状元。事业有成与否不在于从事哪种职业，而在于是否去争取成功。

（二）正确认识职业的社会意义

职业是以承担社会劳动中某一种社会职责为主要内容的，职业给予你生存于社会的权力，即与他人交换劳动产品的可能，你也必须对社会尽义务，为他人服务，尽职尽责。社会主义的生产目的，就是满足广大人民群众日益增长的物质和精神文化的需求。全心全意为人民服务是我们最高的职业准则。

（三）正确认识职业与个人的关系

职业是个人谋生的手段，也是服务社会使个人得到发展、得到精神及各方面满足的条件。所以，仅从职业所能得到的物质利益考虑，不是一个有独立人格的人对待职业和人生价值的态度。职业观与人的世界观、人生观分不开，是建立在人生观和世界观的基础之上的。职业的三要素——为己谋生、为社会服务、为个性发展，三者缺一不可。

第四章 新时代背景下职业教育的教学方法

第一节 现代职业教育的教学原理

一、职业教育的教学本质

（一）教学的含义

教学的含义，不同的历史时期所指不尽相同，不同层次与研究领域的使用与研究者，对教学的界定也是各不相同的。

1. 教学即教授

在我国教学即教授，意为教师的教。人们非常重视教师的“教”，以及“怎样教”。在西方，“教学”有“说明”的意思，即教授、讲授，同样偏重教师的教。

2. 教学即教学生学

这种观点强调教源于学，教是为了学生的学。这与西方“教学即成功”有相同之处。

3. 教学即教师的教与学生的学

这种观点已普遍为人们所接受。从构成教学活动的要素看，活动的主体是教师与学生，教师与学生以课程内容为中介，以一定的目的为追求而共同参与到同一活动中去，构成完整的教学活动，即教师的教与学生的学。教学的本质目的是学生的发展、学生的学习。教师的教，目的是引起学生的学，以达到社会要求。因此，教师的教和学生的学是教学活动同一过程的两个方面，彼此不可分割。

（二）教学的本质

教学的定义有很多，解释各异。概括来说，教学是在教育目的指引下，以课程内容为中介而进行的教师的教与学生的学的双边活动。在这个活动中，通过教师的引导作用，使学生掌握一定的知识、技能，形成一定的能力、态度。在教学活动中，一方面，教主要是教师的行为，是一种外化过程；学主要是学生的行为，是一种内化过程；另一方面，教与学互相依赖、互为基础。在教学情境中，教师的教就意味着学生的学，学生的学也蕴含着教师的教，不存在没有教的学，也不存在没有学的教。教为学而存在，学又要靠教来引导。

（三）职业教育的教学

职业教育的教学，是指在人才培养目标的指导下，以职业教育课程内容和实践为载体，教师有目的地教学生学与学生主动地学习知识和训练技能，进而形成职业能力的双边活动。

（四）职业教育教学的特点

1. 教学目的的职业性、实用性

学生进入职业院校，就要根据未来职业的需要进行定向培养，教学内容、教学过程、教学方法、教学组织等各个方面均应反映特定的职业特色和风格，带有该职业的烙印。职业教育培养的是技能型、技术型的人才和劳动者，追求的不是理论水平，也不是学历文凭，而是一种能满足某一职业或工作需要的综合职业能力，是一种以培养职业能力为基础的教育。职业院校教学从将来工作需要出发，注重知识的实际应用，重视与生产过程相衔接。

2. 教学内容的综合性、先进性

职业院校的服务范围广泛，培养目标跨度大，既可以培养专科学历的高级技术型人才，以从事脑力劳动为主的技术人员、管理人员，又可以是中等教育学历的技能型人才，以从事体力劳动为主的技术工人和其他劳动者；培养的人才既具有专业特长，能顶岗劳动，还有一定的通用性，一专多能，满足转换职业和在职提高的需要。这就要求职业院校的教学内容具有综合性，要开设文化课、专业技术课、专业课、综合实践课和实训课等。

当今社会，知识技术更新速度快，社会生产中出现的设备、工艺、产品更新周期短，产品批量小，质量要求高，职业教育应及时调整教学内容，与现代生产技术水平要求保持一致。

3. 教学对象的复杂性、终身性

首先，教学对象的年龄、阅历层次复杂；其次，学生的学习基础、学习目的、学习动机，以及对所学专业的认识、情感等有着较大的差异，自然就存在着各种各样影响学习的消极因素，增加了教学的复杂程度。

当今世界，全球化程度越来越高并不断快速发展，新技术的广泛使用、信息呈指数增长、人口流动、社会转型、气候变化，以及可持续发展等都需要社会从业人员不断更新知识、拓宽视野、培养能力，增强人的发展活力和后劲。职业教育教学，不仅要考虑学生第一次就业需要，而且要为其再学习提供基础，应着眼于劳动者的整个职业生涯。

4. 实践教学的中心性、多样性

职业教育实践教学的任务就是通过教学实训、生产实习等综合实践课程，使学生巩固、加深、补充在理论课教学中所学到的知识，掌握必要的职业技能，形成职业能力，实现自身价值。因此，文化课、基础课、专业课应围绕实践组织教学内容，为实践教学服务。

实践教学的组织可采用实验、教学实习、生产实习、技术推广等多种方式，可以在校内的教室、实验室、实习车间进行，也可以在校外的实习基地、生产现场进行。不同的教学环境是为不同的教学内容和目的服务的，各种环境相互补充，相互促进，使得学生在真实岗位环境中可以获得最优的教学效果。

二、职业教育教学的基本规律

教学规律是教学及其要素发展变化过程中的本质联系和必然趋势。基本规律，是指不但具有必然性和稳定性，且对教学过程的性质、方向和结果具有决定作用的本质联系。一般来说，教学的基本规律包括教与学相互依存的规律、教学与发展相互促进的规律，以及间接经验与直接经验相互作用的规律。

职业教育的就业导向属性，必然使得职业教育教学除具备教育基本规律外，还具有特殊的教学规律。

（一）职业教育教学目标以职业能力为本位

职业院校的教学既要为人的生存考虑，又要为人的发展打下坚实的基础。因此，职业能力培养就成为职业教育培养目标的核心追求。

职业教育教学目标着重于学生职业能力的培养。形成职业能力比习得专业理论知识，获得职业资格更重要，能力本位的教育就是素质教育在职业教育中的体现。个体职业能力取决于专业能力、方法能力和社会能力的整合，这样当职业岗位发生变更，或者当劳动组织发生变动的时候，个体依然能在变化了的环境里积极寻求自己新的坐标点，进而获得新的职业资格。

（二）职业教育教学过程以工作过程为导向

任何职业劳动和职业教育都是以职业的形式进行的，这是职业教育属性的最本质表述。职业教育的这一属性反映在教学中，集中体现为职业教育的教学过程与相关职业领域的行动过程的一致性。

以职业的工作过程为参照体系的职业教育教学过程，强调以在工作过程中所包含的行动过程和学习领域展开教学，即教学主要围绕着有关生产设备、工具、工艺流程、加工方法的知识和操作技能等生产技术方面的学习和训练而展开。

（三）职业教育实践教学以多元为模式

探索多元工学结合模式是职业教育发展的迫切要求，即根据企业的生产特点和运行状况调整教学计划和安排，组织实践教学，通过采用顺序图、框架图的方式，使原来难以把握的实践教学过程成形、固定，形成一定的程式，以提高实践教学的规范化水平。另外，以产品质量、工作态度和团队合作为核心指标的系统实践考核，可以提高实践教学的效果。

（四）职业教育教学过程以企业深度参与为主体

校企的深度合作已经成为职业院校谋求生存发展的一个最重要的主题。在教学组织形式上，可根据企业的要求制订教学计划，安排教学内容；企业可派兼职教师到院校承担专业课的教学任务，促使学生融入企业。院校企业可通过多元合作发展长期合作伙伴关系，把企业的生产和管理引进院校，探索校企深度合作的职业教育集团化发展新平台，使企业参与对院校的发展决策，把企业的人力资源要求完全与院校的教育教学目标相接轨。

三、职业教育教学原则

职业教育的教学活动既与一般教学活动有共通性，又有自己的特殊性。在职业教育教学活动中，除了要遵循一般教学活动的教学原则（直观性原则、启发性原则、系统性原则、量力性原则、思想性和科学性相统一的原则、理论联系实际的原则）以外，还应遵循以下原则。

（一）职业性原则

职业性原则包括两方面的含义：一是指职业院校教学活动的开展应该以职业岗位需求为依据，以就业为导向；二是指在职业院校的教学过程中，要注意立德树人与学生职业意识和责任意识的养成相结合。这是职业院校教学的首要原则。贯彻此原则要做到以下几点。

1. 明确专业（工种）未来职业的形式、范围、规范和环境、特点、要求，并据此明确其应有的职业道德及职业知识、技能和能力的结构，以及该领域中科学技术发展的新成果。

2. 教学活动要从职业岗位需求出发去培养、训练和陶冶学生。

3. 入校时要根据未来职业的需要进行职业定向、职业指导；在校期间要着重培养学生的职业知识、职业技能、职业能力、职业道德，使之毕业后能立即或很快适应某种或某些职业的需要。

4. 坚持立德树人。通过直接参加岗位实践活动，培养学生的职业道德、服务意识、质量意识、合作意识，以及社会责任感等。处理好全面素质发展、职业技能培养和个性需要之间的关系。

（二）实践性原则

实践性原则是指在教学过程中，教师要引导学生从理论与实际的结合中理解知识，并运用知识去分析、解决实际问题，做到学懂会用、学用结合、学以致用。培养学生以知识为中介分析问题和解决问题的实践能力，是职业教育培养目标的内在要求。该要求突出理论与实践的结合，即联系学生实际，联系专业实际。贯彻此原则要做到以下几点。

1. 教学活动以培养学生的实践能力为追求目标

理论教学要以实践教学的需要为依据，根据学生未来的职业岗位需求有序地进行。实践教学要在理论教学的指导下，让学生熟悉工作环境，掌握岗位工作程序，了解岗位工作中的困难和问题，寻找完成工作任务，创造新的岗位业绩的途径，使学生亲身接触经营管理、人际关系、劳动纪律等，从而对其产生潜移默化的影响，为他们形成职业习惯、获得职业经验提供机会。

2. 加强教学实践活动

根据教学内容的要求，有明确的目的和详细的计划，组织学生进行教学实践活动，促进理论学习和知识运用的结合，增加学生的直接经验，促进对理论知识的掌握。

3. 充分发挥实践教学场地的作用

要充分发挥校内实践教学场地（如实习车间、实验室、演示室等）的作用，同时，还要充分利用校外企事业单位的生产、营业和办公现场对学生进行具有针对性的、与现实生产或工作相一致的培训，尽量让学生亲自动手实践，提高其实际工作能力和工作经验。

（三）情境性原则

情境性原则，是指在教学中通过创设某种实践情境，让学生参与并感受其中，引导学生形成事物的清晰表象，获得生动鲜明的感性认识，掌握理论知识，形成一定的职业实践能力。贯彻此原则要做到以下几点。

1. 职业教育教学过程要以该专业所对应的典型的职业活动的工作情境为导向，在真实或模拟的职业实践情境中展开。

2. 根据不同的教学目标、教学内容创设不同的情境。以现实生活中的真实的工作环境，或运用现代教育技术创设的虚拟的、逼真的模拟情境等，创设实际生活情境；结合专业课的特点运用案例教学、根据学生感兴趣的生活热点等设计问题情境。

3. 激发学生的职业兴趣和职业情感。职业情境的创设缩短了学生与工作环境的距离，可以使学生置身于具体情境，了解工作环境、工作流程、岗位设置等。应让学生尽快适应职业角色，养成职业习惯，切身感受自身发展和专业的关系，培养职业的自豪感、幸福感、成就感，从而培养学生爱业、乐业的精神，形成职业情感。

（四）指导性原则

职业院校的教学过程是学生在教师的指导下，相对独立地学习专业理论知识和从事专业实践活动的过程。贯彻此原则要做到以下几点。

1. 入门指导

通过检查复习，引导学生运用已学过的技术理论知识和生产操作技能，加强新旧知识的联系和迁移；通过目的明确，内容具体，方法得当，语言简练，重点突出，条理清楚地讲授新课，对设备、材料、工具、图纸、加工工艺、可能发生的故障、技术要点、文明生产、操作规程等进行清楚的讲解；通过步骤清晰可辨，动作准确无误，规范地示范操作，做好指导；通过分配任务，检查操作准备。

2. 巡回指导

有目的、有计划、有准备地巡回指导学生正确使用生产技术设备，纠正错误操作姿势；注意文明生产、安全操作方法，保证不断提高产品质量等；将集体指导和个别指导相结合，技术理论和实际操作相结合；注意总结经验，及时鼓励和推广。

3. 结束指导

结束指导是实践教学的终结环节，是在实践教学结束时进行的全面总结，用于检查、验收学生制作的产品或工作，评定学生成绩，全面总结学生操作训练情况，填写教学日志，以肯定成绩，指出不足，鼓励进取，保存资料。

教学原则不是孤立存在的，而是相互联系、相辅相成的，它们共同构成了一个完整统一的职业教育教学原则体系。

第二节　职业教育的教学过程

考察职业教育完整的教学过程，可分为教学准备、教学实施和教学评价三个阶段。

一、教学准备阶段

教学准备阶段是教学的首要环节，其主要任务是做好教学的准备，即备课。

（一）备课的种类

1. 个人备课和集体备课

根据备课主体的不同，可划分为个人备课和集体备课。

个人备课是指每个任课教师独自进行的备课工作。优点是不受时间限制，灵活方便，有利于调动教师的主观能动性。

集体备课是指几位教师集中在一起进行的备课工作。优点是有利于教师间交流和集思广益，统一教学要求。

2. 学期备课、单元备课和课时备课

学期（或学年）备课或单元备课，是指对某门课程的整个学期或某个单元的教学活动做准备。教师要对学期教学做出全面的考虑和准备，包括教学目标、教学内容、教学方式、教学进度和各章节或各单元的组织、教学资源及其配置所需的学具、教具和各种资源与资料。

课时备课，即教案，是在学期备课和单元备课的基础上，对一节课的教学活动进行细致准备和设计。内容包括班级、授课时间、授课人、授课内容、教学目标、教学难（重）点、教学方法、教学资源等。

（二）备课的内容

1. 钻研课程

包括研究课程计划、课程标准，领会课程的基本理念和目标，把握教学的基本要求及教学内容与教学材料的体系范围与深度；研究教科书，掌握课程的基本原理与知识体系，准确把握各章节或各单元、各课的重点、难点及前后联系；广泛阅读参考资料，选取合适的材料充实教学内容。

2. 熟悉生产（或工作）过程

这是职业学校教师备课时必须做的一项工作。了解课程所对应的相关职业或岗位的生产环节、工艺流程、技术要求、操作技能、岗位职责，以及机器、设备的构造、性能、维修等，以提升教学的有效性。

3. 了解学生

要全面了解学生的知识基础、认知能力、技能水平、学习态度、思想特点和个性特征，使教学过程符合学生实际认知能力和动手操作能力，增强教学的预见性与针对性。

4. 设计教学方式

首先确定基本的教学方式；其次结合教学内容，分别设计学生的学习方式、教师的教授方式和师生互动方式；最后进行具体的教学设计，包括教学环境、教学方法、教学手段、教学程序，以及教学策略和教学媒体设计等。

5. 编写教案

按照教案的基本结构进行精心设计，并用规范的结构和简练的语言表达出来，形成书面形式的教案。编制教案的过程，是教师对自己组织的每一个教学活动的时空结构进行规范和优化的过程。

二、教学实施阶段

（一）讲课

讲课是教学过程的中心环节，是教师运用口头语言系统地向学生讲解理论知识的活动，也是教学活动的基本形式。

讲课的基本要求：一是目标明确；二是内容正确；三是重点突出；四是方法得当；五是组织有序。清晰、准确、简练、生动且富有启发性、条理性的语言，有利于集中和保持学生的注意力，是促进学生不断提升学习兴趣的动因。

（二）作业

作业是课堂教学的延续、拓展和深化，目的在于巩固、消化和运用所学知识。方式主要有：一是阅读与思考作业，预习或复习，理解或思考阅读资料；二是口头与书面作业；三是实验与操作作业；四是调研与社会实践作业。

作业的基本要求：符合课程标准，目的明确；形式多样，分量适当，从学生实际出发；讲评适时，追求批改艺术，鼓励作业创新。

（三）实验

实验是指为检验某种假设或理论，运用一定的仪器设备和材料，在控制某些条件的情况下，通过观察事物及其发生变化过程，获取知识、巩固知识和培养学生实际操作能力的教学环节。实验是实践性教学的重要组成部分。根据实验的目的，实验可分为三种：一是验证性实验。根据已有的理论知识，预先拟订好实验程序，让学生按照实验指导书中提示的仪器、设备、材料及操作步骤，完成实验过程；然后按照规定的观察、测定方法，记录实验结果，得出实验结论。二是探索性实验。通过实验过程对未知事物或已知事物的未知性质进行观察、测试和研究，借以发现新现象，得出新的实验结果，这种实验也称为试验。三是设计性实验。以制成某种产品或形成某种工艺路线为目标，运用已有知识和经验进行结构或程序设计，综合应用多种实验手段，尝试实现预定目标的实验方法。

实验教学的基本要求：目的明确，准备充分，过程科学，指导得当，评析实验报告。

（四）实习（实训）

实习是学生在教师或工程技术人员的组织指导下，参与一定的实际工作或生产操作，借以掌握相关技术、技能或综合运用知识于实践的教学活动。实习是专业知识与生产（工作）实际相结合的教学形式，是职业院校教学活动中主要的实践环节。根据实习目的、要求和工作范围的不同，大致可以将实习分为四种。

1. 认识实习

认识实习也称见习，即通过到生产现场进行参观，使学生对工作环境、工作流程和学习内容有所了解，获得感性知识，促进理论联系实际。

2. 教学实习

紧密结合专业课程，以教学为主的实践性教学，使学生得到操作技术的基本训练，获得生产（工作）的感性认识，掌握一定的生产操作技能；同时，接受劳动纪律、安全卫生、环境资源保护方面的教育。

3. 生产实习（实训）

生产实习（实训）是学生直接参与生产实习过程的实践性教学，即学生到专业对口的生产现场，以现职人员的身份进行实习，使学生得到实际工作的锻炼，熟悉工艺要求和生产操作过程，掌握直接、迅速顶岗的操作技能，并逐步形成良好的职业道德规范和职业行为习惯。

4. 毕业实习（顶岗实习）

毕业实习（顶岗实习）是在学生毕业前，对其知识、技能要进行全面检查的综合实际锻炼，即学生到企业的具体工作岗位上进行专业理论学习和技能实训，以企业岗位生产的形式进行的实训教学。毕业实习（顶岗实习）需要学生履行其岗位的全部职责，能够独当一面，具有很大的挑战性，对学生的能力锻炼起很大的作用。

实习的具体要求：明确实习目的，编制实习计划，确定实习方式，搞好讲解示范，加强巡回指导，讲评实习结果，注意生产安全。

（五）设计

设计是提高学生全面素质和综合职业能力的主要实践性教学环节，分为课程设计和毕业设计。

1. 课程设计

课程设计是在教师的指导下，运用某一门或几门课程的知识，解决一些具有一定综合性问题的筹划过程，是进行某一方面或某一部件的技术基础能力的训练，是工科类专业的技术基础课和某些专业课教学过程中的重要环节，是理论联系实际的重要方式，也是培养学生实践能力的重要途径。

2. 毕业设计

毕业设计是使学生综合运用所学的知识和技能，按照培养目标的要求，进行的全面、系统、严格的专业技术综合能力的训练，并创造性地完成符合生产实际要求的设计任务。毕业设计具有综合性、实践性、独立性、探索性等特点，是工科类专业及其他需要培养设计能力专业的学生在校教学过程中的最后一个应用性环节，也是应届毕业生在离校前的综合性独立作业。

三、教学评价阶段

教学评价是教学工作中的基本环节，是对教师的教与学生的学相统一的收集事实信息并进行价值判断的过程。教学评价主要是对学生学习状况和教师教学质量的评价。职业教育的特殊性和复杂性决定了其评价的特殊性。

（一）教学评价的原则

1. 导向性

职业教育教学评价，既要评价所获知识、技能，又要评价综合能力；既要评价能力发展，又要评价基本素质的养成。职业能力及其相关知识，是职业教育教学评价的核心。评价不是为了评价而评价，而是评价与指导相结合，既要使评价对象知其长短优缺，又要为其发展指明方向，增加动力。

2. 客观性

职业教育教学评价的标准、方法过程和结果，都要切合职业教育课程教育教学的实际，不能主观臆断或掺杂个人的情感因素，也不能照搬普通高等教育的方式方法。

3. 过程性

职业教育教学评价不能局限于一纸试卷式的终结性评价，既要评价学习过程，又要评价学习结果；既要重视评价学习目标、学习内容，又要评价学习方式、学习方法；既要评价所获知识、技能，又要评价综合能力；既要评价能力发展，又要评价基本素质的养成。因此，职业教育教学评价应当贯穿教学过程的始终。

4. 多元主体性

职业教育教学评价的主体包括：教学管理职能部门，进行日常的教学管理、监控和阶段性的教学检查；教学督导，采用听课、调查、座谈、访问等各种形式，检查和督导教学各个环节的秩序和质量，提出切实可行的整改措施和方案；学生通过感受教师的教学态度、教学水平、师德水平等发挥评价中的核心作用。教师应准确地掌握学生的信息，并及时给予反馈，形成教育教学评价中的良性互动。企业等用人单位，构成教学质量监控评价的社会主体。院校应主动寻求社会对自身教育教学质量评价的理念和需求。

（二）学生学习评价

1. 内容

（1）专业技能评价与社会能力、方法能力评价相结合

职业教育强调对学生关键能力或核心能力的培养，主要包括对技术的理解和掌握能力、决策能力、独立解决问题的能力、质量意识、合作能力、环境保护意识和社会责任感等。

（2）学习成果评价与学习过程评价相结合

既要关注学生学到了什么，更要关注学生是如何学到的。要在不断评价和反馈的过程中培养学生正确的学习观，从而实现对方法能力和社会能力的培养，同时，也有利于实现评价的客观性。

（3）教学过程评价与教学效果评价相结合

对职业教育教学进行评价，就要从教学过程和教学效果两个方面考虑。职业教育教学过程的评价包括课前准备评价、课堂教学评价、实践教学评价、作业布置与批阅评价，以及对学业成绩考评等。职业教育教学效果评价是对学生学习质量、技能、纪律和态度、职业素质等进行的综合评价。

2. 方法

以具体考试分数为指标的方式进行量化评价，对现代职业教育教学评价具有很大的局限性，要根据不同的教学阶段，不同的教学内容采用不同的教学评价方式。

（1）过程式评价

在一个真实的或者模拟真实的环境中，通过让学生完成一项具体的任务，从而对学生的知识、技能、能力进行判断的一种考核评价方式。在学生完成一项具体的学习任务过程中，任课教师对学生在学习活动中表现出来的合作精神、参与意识、分析问题的能力、探究能力、知识技能的掌握水平等方面进行全面评价。它重视学生整合所学知识的能力、分析问题的技能、合作学习的能力和解决实际问题的能力。过程性评价重视评价的过程性、公开性、情境性，以及评价标准的多重性。

（2）研讨式评价

把学生在参与课堂讨论中的表现作为学生学业成绩评价的一部分。在师生相互信任与协作的基础上，通过自我评价、学生互评、教师评价，形成师生互动、生生互动的中肯良性交流，肯定进步，树立自信心，指出不足，虚心接受并努力改进，形成积极健康的心态。其具体步骤有：一是明确讨论要达到的目标和评价，以及如何才能真正达到这些目标；二是选定研讨用的文本；三是教师提出问题，师生共同参与讨论，在研讨过程中引发学生对话与思考；四是以设计讨论过程的方式或记录表，通过一系列讨论记录的分析、对比对学生所取得的成绩做出判断。

（3）答辩式评价

主要考查学生的语言表达能力和思辨反应能力，力求做到知识的口语化。它的目的在于锻炼、培养学生的语言表达能力和反应能力。经常采用的课堂提问是单向的，一般只有对不对、完整不完整之分；而答辩式则突出了双向性，即师生的互动与交流，既有答又有辩，通过答辩，学生的认识能力和表达能力得到提高。

（三）教师教学评价

教师教学评价主要包括教师教学过程评价和教学绩效考核。教学过程评价主要是考查评价教师钻研和使用教学材料，以及教师运用相关教学方法、教学手段的活动。具体说，就是从教学活动的各个环节入手予以评价。例如，备课、上课、作业等环节。教学绩效考核主要通过考查学生的学习习惯与方法、学业成绩及能力发展情况来进行。

（四）教学评价的实施程序

教学评价的实施一般包括三个步骤：评价量表的制定、教学评价的实施和评价结果的分析。

1. 评价量表的制定

职业教育教学评价量表的制订应兼顾理论、技能与素质评价相结合，既要评价教师的理论教学水平，又要评价其实践教学水平，还要评价其道德修养水平及教学科研水平；既要评价学生的理论知识水平，又要评价他们的技能水平，还要评价他们的思想道德水平和身心健康指数；等等。

2. 教学评价的实施

（1）组织安排

统一部署，组成考评小组，对各班半数以上的学生及任课教师进行考评。

（2）评价时间

每学期进行两次，安排期中、期末完成。

（3）评价内容及方法

依据所制定的教学评价量表，考评教师和学生。

3. 评价结果的分析

（1）评价资料的整理

运用教育统计学原理和信息技术手段，对评价所得到的信息资料和数据进行去粗取精、去伪存真的量化分析、处理和加工，在此基础上，形成综合判断，获得评价结果。

（2）评价结果的分析

深入分析评论，找出问题的症结所在，提出有针对性的改进途径和建议，从而使被评者顺利地接受评判并及时改进工作；对评价工作质量进行检查、分析、鉴定。

（3）评价结果的处理

将评价结果反馈给师生和相关部门，以便于改革教学方法，从而进行宏观督促和调控，也便于师生自我监控、自我调整、自我反省和提高。

第三节　现代职业教育的教学方法

一、理论教学方法

（一）讲授教学法

讲授教学法是指教师通过口头语言表述、讲解、讲演等形式向学生系统地传授知识的教学方法，属于教师与学生之间“传授—接受”型的教学方法。运用讲授法，职业学校的教师可以通过合乎逻辑的分析、论证，生动形象地描绘、陈述，启发性、诱导性设疑、解疑，使学生能够在较短的时间内获得较为全面系统的知识。

1. 讲授教学法的优点和缺点

讲授教学法源远流长，是长期以来人类教育中最为重要的教学方法之一。

其优点非常突出：①能够直接、高效地讲解和传授职业课程中的专门知识和技术原理。教师运用讲授法对这些内容进行清晰的剖析，是进一步进行实践教学的重要前提和基础。②运用讲授法教学成本低廉，教师能在较短的时间内将科学知识系统、连贯地传授给学生。③教师比较容易控制所要传递的教学内容和所需的教学时间，有利于教师主动性的发挥。④具有适应性强和灵活性大的优点，能在各种情况下进行，并能根据学生的反应随时调节，吸引学生的注意力，启发学生思维。⑤能够寓思想教育于其中，具有很强的感染力。

讲授教学法的缺点也很明显：①讲授教学法是一种“传授—接受”型的方法，其实施效果的优劣在很大程度上取决于教师个人语言表述能力的强弱，因此，不同的教师实施此种方法效果有很大的差异；②讲授教学法主要依赖于教师的讲解，如若把握不当，容易造成学生在教学过程中处于思维和学习的被动状态，影响学生积极性、创造性的发挥；③职业教育教学的特殊性在于理论与实践的紧密结合，尤其要培养学生动手操作和创造性的制造能力，因此，过多地使用讲授教学法则会使职业教育劳而无功。

2. 讲授教学法的实施策略

（1）在基础学科学习和低年级学生的教学中，应当广泛地使用讲授教学法

如在会计课的教学中，根据不同阶段的教学内容，采用不同的教学方法。对于统计专业的学生，开始接触会计课程时，首先开设“基础会计”，以使学生掌握扎实的基础理论和基本概念。如果在此阶段主要采用讲授教学法，通过课堂面授，辅之直观形象的教学手段，将会计的基础理论和基本概念以实物或图示的形式表现，可以为学生继续学习专业会计打下坚实的理论基础。

（2）在讲授具体课程时首先要激发学生的学习兴趣

运用讲授教学法首先要促使学生产生对本学科的兴趣，从而产生学习的内在动力。

教师应当指导学生对本学科产生某些基本的认识，让学生对该科学习做到心中有数。

（3）分析和研究教学内容

分析和研究教学内容要着意处理好三点：教学重点、教学难点、教学关键点。教学重点是指学生必须掌握的基础知识和教材的重点内容；教学难点是指学生难以理解和掌握的某些知识和内容；教学关键点是指教材中起决定性作用的知识和内容，学生掌握它之后，就能够比较顺利地理解和掌握其他有关的知识和内容。对于这三点，教师在运用讲授教学法进行教学之前必须做到心中有数。

（4）积极提高课堂讲授艺术

一是需要教师在课前认真备课，既备教学内容，又备学生、备教法，对于教学内容与具体教学方法的匹配做到心中有数。二是在讲授时要熟悉教学内容，教法运用熟练自如；语言流畅生动有趣，抓住重点、难点讲解，由浅入深，层次分明；板书工整，概括性、推理性强。三是讲授中尽量运用直观教学法。充分利用挂图、模型、投影片等教具讲解，使内容深入浅出，明白易懂。最后，讲授中要注意适当运用提问法、反问法、设问法，让学生有充分的思考机会，使理解更深刻，并且能够兼顾所有学生。

（二）讨论教学法

讨论教学法是指在教师的指导下，学生以全班或小组为单位，围绕教学内容的某个问题，通过学习者积极介入学习中的讨论或辩论活动，从而掌握或巩固知识的教学法。这种方法在于由学生及教师以交互的方式，通过共同讨论来对某些问题获得解决办法或建立观念，从而使学生获得新知。

讨论教学法有多种方式：①针对某一主题让学生多方讨论；②教师先准备好题目让学生依题目讨论；③以辩论的方式从不同观点讨论。

1. 讨论教学法的优点和缺点

讨论教学法的优点在于：能够使学生积极参与到对所学知识的辩论、讨论之中，既可以在互动中共同学习、相互启发、集思广益、取长补短，又可以在合作中培养团队精神、协作意识和能力；对所学知识的针对性很强，能够使学生对所学知识产生浓厚兴趣，并能够在学习中激发灵感、培养创新思维。其缺点在于：讨论过程较难控制；学习效率较低；讨论过程极易偏离主题；讨论需要学生具备足够的背景知识，其学习效果与学生的水平密切相关。因此，此方法最好与其他教学方法相结合使用。

2. 讨论教学法的实施策略

运用讨论法开展教学，并不是一种“省事”的方法；相反，此种教学法同样要求教师精心准备，并且能够很好地引导和控制讨论过程，还能够使学生通过这种教学方法学到应该学会的内容。因此，教师运用此种教学法需要注意如下几点。

（1）拟定适当的题目

在讨论之前，选好讨论的主题是最为关键的。教师要根据教材内容、教学目的、学生年龄特征、知识水平精心拟定富有启发性的讨论题目。

（2）组织和指导讨论

在实施讨论教学的过程中，教师必须加强组织和指导，其关键在于“诱”，而核心则在于“导”，其宗旨则是保证讨论始终围绕中心议题，朝着预定的方向发展。在组织和指导讨论时教师要注意以下几个问题：①教师要事先对所讨论的问题了然于胸，并且做好指导学生讨论的准备，适当地鼓励和启发学生的求知欲，增强其参与意识；②讨论应当分组进行，每组一般 7 ～ 10 人，小组讨论之后，再由各组代表向全班汇报结论；③讨论过程中，如出现离题、讨论面过宽、学生讨论“钻牛角尖”时，教师要及时纠正，将讨论引向主题，向学生指出讨论的重点和思维方向；④鼓励学生进行创造性思考，提出独创性建议；⑤教师应当控制讨论的进程，尽量使每个学生都能参与到讨论之中。

（3）做好讨论的总结工作

好的讨论教学要善始善终，因此，在讨论结束时，教师要依据中心问题和讨论的情况进行概括和总结。经过讨论，学生的回答和建议可能是多种多样的，这就要求教师必须对学生的不同观点给予明确的答复，要对讨论题目表明自己的观点并做出正确结论，以使学生掌握系统理论，解决存在的思想认识问题，切不可模棱两可，含混不清。对于一些无法在当下给予解决的问题，教师也应当表明态度、厘清思路，鼓励学生进一步思考。对学生经过集思广益后有创见的回答则应当给予肯定和表扬。

（三）谈话教学法

谈话教学法，亦称为问答教学法，就是教师和学生用口头问答的方式进行教学的方法。长期以来，谈话教学法作为一种重要的教学法，已经被广泛地应用在各级各类教育教学之中。对于职业教育的理论教学而言，这同样是一种不可或缺的方法，如对于技术操作要领与技术操作规程的问答等。从实现教学任务来说，谈话教学法可以分为引导性谈话、传授新知识的谈话、复习巩固知识的谈话和总结性谈话；如按教学目标来区分，谈话教学法则可分为启发式谈话、问答式谈话和再现式谈话。

1. 谈话教学法的优点和缺点

谈话教学法在现代教学中被广泛使用，其优点是明显的：①教师利用口头语言与学生交流、对话，在有目的的问答和谈话中，可激发学生的思维活动，培养学生的思考能力和语言表达能力，唤起和保持学生的注意力和兴趣；②通过有效的、富于技巧的谈话教学，教师能够很好地引导学生的思路，在对话中引发新思想和新认识，最终对所要学习的知识有更为深刻的认识；③在关于传授操作技能的教学中运用谈话教学法，可以使学生在教师的启发、提示下，发现问题、分析问题、寻求假设、进行实践试验，能够有效地锻炼学生的手脑并用能力。

谈话教学法的缺点在于：由于谈话教学法要求教师不仅有良好的语言表达能力，而且在面对学生可能出现的种种意想不到的回答时，仍然能够引导学生摆脱错误的思路，形成正确的认识。因此，谈话教学法要求教师有较好的谈话技巧，否则可能导致教学费时而效果不佳；而且，谈话教学法只能够就某个针对性强的问题进行引导，不适合用于传授系统的、全面的知识。

2. 谈话教学法的实施策略

（1）教师要充分备课，根据教学目的、教学重点和学生的实际情况拟定谈话题目。

（2）教师不仅要对所提出的问题做到心中有数，而且要对学生可能出现的回答和反应有所设想和准备，并对如何应对有进一步的考虑。因此，运用谈话教学法切忌不假思索，信口乱问，同时也要避免形成教师即兴提问，学生一哄而答的局面。

（3）教师提问要面向全体学生，避免先点人、后提问的方式。先点人、后提问会使学生无思考时间，反映不出学生掌握知识的情况，使提问流于形式。同时，如果提问只集中于某个学生，那么绝大多数学生则往往对于提问不注意听，不肯多加思考，所以，教师的提问要面向全体学生，使全体学生同学都听清提出的问题，并稍作停顿，给予学生适当的思考时间，然后再点名让学生回答。

（4）因材施教，根据学生的差异设计问题。教师的提问在注意普遍性的同时更要注意针对性，要设计难易程度不同的问题，选择不同层次的学生回答，使所有学生都能积极思考，有所收获。

（5）教师提问时，语言必须准确清晰，问题的呈现必须精练而简明，要使学生能够清楚地知道教师提问的内容。

（四）自学辅导教学法

职业院校的培养目标和学生的年龄特征决定了教学应当给予学生足够的自学机会和时间，以加强学生自学能力的培养。因此，自学辅导教学法应当成为职业教育中重要的教学方法。

自学辅导教学法，是指在教师的指导和辅助下，学生自学教材、参考资料和进行实验，以获得知识，发展能力，形成自学习惯和能力的方法。自学辅导法从实施上来说，关键是学生自学内容的选取上必须有一定的系统性和联系性。因此，教师在使用此种方法时不能存有图一时方便的心态，或将其作为教师不能亲自教学时的替代方法。能否使用此种方法进行教学，一方面要考虑教学内容的难易程度和教学目的的指向；另一方面要考虑到学生现有的知识结构和学习能力。这就要求教师在教学中要对教学内容和教材进行全面和系统的把握，预先对于适合使用自学辅导法的部分有清晰的认识。

1. 自学辅导教学法的优点和缺点

自学辅导教学法着眼点在于培养和提高学生自学的能力，这是其最大的优点。通过长期地、有步骤地运用此种方法，可以有效地调动学生学习的主动性和积极性，培养学生养成良好的自学习惯和具有一定的自学能力。在当前需要终身学习和回归教育的时代，这无疑是值得强调和推广的教学法。此外，自学辅导法需要有合适的、系统的学习内容，这也可以使教师利用学习心理学的原则，发挥自己整合知识和课程的重要作用，以利于学生更好地掌握所学内容。

自学辅导法在长期的使用中，曾被误解为适用于学生可学、可不学的教学内容，因此，如果不能形成对此种方法的正确认识，容易在使用中出现教师指导作用的缺席，使学生放任自流，其学习结果也往往不理想。

2. 自学辅导教学法的实施策略

（1）确立寓有效学习心理学原则

教师在选取学生自学的学习内容时，必须贯彻有效的学习心理学原则，即教师要求学生进行自学的内容应当是服务于课程总体的教学目标和学生的培养目标，并且能够有效地促进学生的发展和知识的增长。因此，我们反对长期以来形成的认为“自学辅导教学法是针对那些无关紧要的教学内容而使用的教学方法”的错误想法。

（2）在自学辅导的过程中要始终贯彻强化动机原则

在自学过程中，若想提高学生的自觉性必须用种种方法激发他们的学习动机，把学生潜在的求知欲和积极性调动起来，所以强化动机对自学来说特别重要。

（3）班集体与个别化相结合的原则

采用自学辅导法教学，能将“班集体”和“个别化”这一对矛盾体协调统一起来。在教师的指导下，班集体可以开展教学活动，同学之间可以互相帮助；教师在个别辅导中可以照顾不同类型的学生，达到个别化因材施教的目的。

（4）自检和他检相结合的原则

检查学习效果时，也需要学生的主动性和教师的积极性相结合，即把他检和自检结合起来，并且使学生逐渐养成自检的习惯，形成自检的能力。

（五）演示教学法

演示教学法是以直观感知为主的教学方法，是指在教学过程中通过展示实物、直观教具，为学生做示范实验，使学生获得知识、巩固知识的方法。在职业教育教学中，如涉及有关业务操作技术时，教师可采用在黑板上逐项演示，在真实物品上操作的方法引导学生演练，以使其掌握操作要领。如财会教学中的填制凭证、记账、编制报表等。

1. 演示教学法的优点和缺点

通过直观性的演示法，教师要么向学生展示实物或直观教具，要么向学生做示范性操作使学生通过观察获得感性知识。学生对课程内容有了感性认识，就能更正确、更深刻、更牢固地掌握概念、原理、规律等理性知识。另外，通过演示，也可以引起学生的兴趣，激发学生的学习积极性，培养学生的观察能力和思维能力。

演示教学法的适用范围是有限的，不是所有的学习内容都能进行演示；演示装置移动不方便，不利于培训场所的变更；演示前也需要一定的费用和精力做准备：这些都是这种方法的不足之处。

2. 演示教学法的实施策略

在职业教育教学中实施演示教学法，应当尽量保证具有教学所需要的多媒体教室、投影仪、实物模型、流程模型等硬件设备，为教师采用演示教学法创造条件。与此同时，为了提高演示的教学效果，教师要注意以下几点。

（1）要根据教学内容和目的选取合适的示范教具，事先准备好所有的用具，搁置整齐，并能预演一次。

（2）在教学中要让所有学生都能看清示范物，而且由于学生长时间看演示仪器容易注意力不集中，所以演示教学法要同讲授、谈话等教学法配合使用。在讲授时要注意联系实际，这样既一目了然又印象深刻，可以取得事半功倍的效果。

（3）在演示过程中，教师要提出明确的观察要求，引导学生运用各种感官，把学生的注意力集中于演示对象的主要特征、主要方面或事物的发展过程上，并要培养学生的空间想象力和思维能力。

（4）在一部分内容演示完毕之后，要让学生自己有动手操作的机会，使学习的内容得到巩固，并尽量对学生的试做给予及时的反馈。

（六）练习教学法

练习教学法是在教师指导下，学生通过独立的智力、体力活动，运用知识解决有关问题，以深化知识，巩固知识，培养各种学习技能和形成良好习惯的基本方法。如果在教学中需要把某个动作进行反复操练，以养成机械反应，或者要形成某种习惯或技能，或者要学生记诵教材中的某一部分内容，就必须采用练习教学法。

1. 练习教学法的优点和缺点

通过练习教学法，可以有如下作用。

（1）能够养成机械的习惯

人类生活中有许多的动作习惯，可经由感官肌肉反应与认知观念配合，久而久之可以形成机械的自动动作或行为。

（2）能够养成熟练的技能

技能的学习需要熟练，在职业教育教学中，要求学生能够应用的各种技能都要采用练习教学法。教师应指导学生反复地练习，达到纯熟的地步，以便能够自如地应用。

（3）能够强化正确记忆

学习过程中重要的学习材料和经验，经过认知的学习可成为知识。因此日常生活中需经常应用，需要记忆，也需要采用练习教学法使学生熟练，以形成正确观念。

需要注意的是，练习教学法由于需要重复性的记忆或操作，容易使学习过程枯燥而乏味，而且，如果在练习中教师不能教会学生掌握记忆、技能形成的客观规律，也容易使练习成为死记硬背。

2. 练习教学法的实施策略

（1）从总体而言，练习教学法应当遵循引起学生学习动机、教师示范讲解、学生模仿、学生反复练习、教师评价练习结果等几个步骤。

（2）教师要使学生明确练习的目的、要求和掌握有关练习的基础知识。在练习过程中，教师要妥善地加以指导，及时观察、纠正学生的错误；技能练习更要注意安全性。

（3）要系统地练习；练习要循序渐进，先要正确，再求速度；方法要多变化，手段要经济简化；练习时间宜短，次数宜多。

（4）组织练习要因材施教，顾及个别差异，重视创造性练习的组织与指导。

（5）要及时评价练习结果，使练习后达到能够应用的程度。

综上所述，职业教育教学过程中所要使用的理论性教学方法是较为多样化的，每种方法均有其一定的适用性。教师在使用时，应当加以调整，综合运用。

二、职业教育的实践教学方法

（一）要素作业复合法

要素作业复合法是按照操作技能的掌握程度，遵循由易到难、由简到繁、循序渐进的原则及规律，通过对手工生产劳动过程的分析，将某项工种分解成若干相互承接的简单工序，即要素工序，让学生在熟练掌握这些要素的基础上，进行复合、应用而形成简单作业；之后，在此基础上进一步学习新的工序，与已学工序形成逐渐复杂的作业，从而使学习成为一个由简到难、循序渐进的过程，使学生技能不断提高。

要素作业复合法实际上是将要素作业法与个别工序复合作业法结合起来，既兼顾了对某项工作的掌握与熟练，又兼顾了对此项工作所在的工种整体技术的不断熟悉与掌握，是一种行之有效的实践性教学方法。

此种方法在使用中，要注意把握如下策略。

1. 为了精确地确定作业的工序，必须认真分析工种的特点，找出其原理和步骤所在，分解出最基本的要素工序。

2. 为了使用此种方法，学校必须具备相应的实习工厂，备有各种工具，陈列以某些操作要素的作业方法为基础而加工成的各种单元作业板，让学生按照规定的程序进行制作。

3. 要素作业复合的进度、难度必须根据学生的心理特点和技能水平来确定。学生在实践和操作前，必须接受非常细致的理论讲解；在实践过程中，要接受及时的指导。

4. 在不断操作与学习的过程中，要加强对学生技能形成的反馈与纠正。

（二）模拟教学法

模拟教学法是为了创造有助于师生互动，特别是学生主动参与学习的情境教学法。在这种情境中，学生通过反复练习，进而会预期形成自然的、符合现实经济活动要求的行为方式、智力活动方式和职业行为能力，即在专业能力、方法能力、社会能力和个性方面得到发展。

因此，模拟教学法是一种以教学手段和教学环境为目标导向的行为引导型教学模式。这种方法是在学生已经具备一定的专业理论知识以后，需要进一步了解职业技术的基本原则，掌握职业技术的具体操作方法和实践形式，从而养成良好的操作能力的教学方法。该方法通过模拟环境、模拟角色、模拟操作程序等，达到教学理论与实践的统一。

1. 模拟教学的分类

模拟教学分为模拟设备教学法与模拟情境教学法两大类。

（1）模拟设备教学法

模拟设备教学法主要是靠模拟设备作为教学的支撑，其特点是不怕学生因操作失误而产生不良的后果，如果操作失误，可以重新再来，或者可以进行单项技能训练。学生在模拟训练中能通过自身反馈感悟正确的要领并及时改正错误的记忆。如操作机床，学生可以在学校实验车间操作机床，制作模型。

（2）模拟情境教学法

模拟情境教学法是根据专业学习要求，模拟一个社会场景，在这些场景中设置有与实际操作相同的功能及工作过程，只是活动是模拟的。通过这种教学让学生在一个现实的社会环境氛围中对自己未来的职业岗位有一个比较具体的、综合性的全面理解，特别是对于一些属于行业特有的规范，可以得到深化和强化，有利于学生职业素质的全面提高。如模拟客房、模拟病房和模拟商店等。

在模拟情境教学法中，学生可经历全部业务操作过程，了解和弄清各环节之间的联系，而又不必承担任何经济活动风险。实践证明，模拟情境教学法能够有效地解决职业学校经济类专业实践教学的难题，有助于培养学生的实践能力，增长相关知识。

2. 模拟教学法的实施策略

（1）开展模拟教学的前提条件是建设符合教学要求的场地和设施

在现代职业教育教学中，大量建设一流的实验、实训基地，以及通过计算机建立虚拟的仿真教学环境都可以为开展模拟教学打下基础。

（2）模拟教学可以有不同的教学目标与任务

模拟教学不同的教学目标与任务，即可以针对单向技能、综合技能和应用能力进行训练。综合技能的形成依赖于单项技能的形成，而实际应用能力的形成则必须通过反复训练和模拟来完成。

（三）顶岗实习法

顶岗实习法，是指在生产一线实习，让学生综合运用和检验所学知识，进行综合实践训练，尽可能与学生毕业后就业结合起来的教学方法。职业院校的毕业实习也可称为顶岗实习。往往这种实习具有双重性，即除了要完成一篇毕业论文外，还要在实习中解决就业问题。实施此种教学法要注意如下问题。

1. 实习单位的选择要与所完成的实习任务目标相吻合

实习单位的选择对完成实习任务至关重要，与专业的培养目标相吻合是选择实习单位的必要条件。单位的选择要依照学有所用（能发挥专业特长）、低门槛（职位、待遇考虑在后）、可发展（能为单位出力，还能不断充实自我）的原则。实习单位的安排要结合学生的特点，采取专业教师推荐和学生自寻自荐双向选择的原则，合理安排实习岗位。

2. 选题与社会关注问题相结合

学生进入实习单位后开始确定选题，在实习中完成的论文，其内容要与专业要求相符，要与行业生产、行业发展紧密结合，应体现出学生论文产生于社会，所从事的工作与社会需求紧密结合且具有一定的社会价值。

3. 实习与就业紧密结合

学生实习一般选择有用人意向的单位。“有用人意向”代表着单位需要，但不等于一定能就业。因此，在实习中应当尽可能地投入到工作中，既要让学生充分运用所学知识，又要让学生能够展示其才能，争取能够就业。

职业教育的实践性教学方法以能够将所学的理论知识转化为实际的操作技能为目的，并尽量使学生对未来真实的工作环境和岗位要求有清楚的认识和体会。实践教学法的运用也要求把握灵活性、综合性、创造性的原则。

三、职业教育的教学模式及方法体系

（一）职业教育的教学分类

1. 产教结合教学模式

产教结合教学模式是学校与企业双方合作，共同完成教育工作，培养合格人才的一种职业教育形式。长期以来，产教结合、校企结合受到世界各国的重视，均视其为发展职业教育的普遍规律之一。

产教结合是职业教育适应经济结构调整、走新型工业化道路、加快培养技能型人才的需要；是坚持以就业为导向，大力推进职业教育改革与发展的需要。职业教育在实践产教结合的教学模式时，必须将职业教育与国家及地区不同时期的经济战略结合起来，要将职业教育与不同地区的经济发展结合起来，并且在进行职业教育的过程中将企业与学校结合起来，及时了解劳动力市场的需求，迅速调整职业结构，更新职业培训内容，调整专业设置，使之与产业用人需求相适应，有针对性地培养和提高学生的职业技能和创业能力。

职业教育实行产教结合教学模式是由其特定的任务所决定的。这不仅适应了社会经济和产业发展的需要，能够培养出适应不断发展变化着的科技和工艺要求的合格人才，同时也为职业教育的受教育者提供了更大的就业机会，优化了教育资源和劳动力资源的配置效率。

2. 产学研结合的教学模式

职业教育不仅要立足于产教结合的教学模式，更要逐渐向产学研相结合的教学模式发展和转变。产学研合作，是指生产单位、院校和科研单位有机结合，协调发展的过程或活动。产学研合作教育的主要内容除了包括科研成果转化、产品和技术的开发与应用外，还包括人才培养的内容。产学研结合教育模式与传统教育模式的根本区别在于前者与市场、经济、社会之间的联系比后者更为紧密。

产学研结合是职业教育的重要特色，既是职业教育人才培养的重要途径，也是职业教育推动社会经济发展的重要方式。通过产学研合作，可推进学校与生产用人部门的广泛合作，发挥职业院校的技术科研优势，面向市场、面向经济建设和社会进步的主战场，使职业教育真正推动经济发展；并在合作中通过生产实践促使学生把理论知识转化为实践能力，提高学生综合素质与创新素质，使学生认识到利用知识创造性地改造传统设备，实现技术进步的重要性。

产学研合作是一种互惠互利的行为。职业学校可以通过产学研合作得到产业部门的实践环境、实训或实习场所，便于研究成果的试验与转化；产业部门也可以通过产学研合作，利用职业学校人才密集、技术力量雄厚的优势，在新产品开发、技术改造、人才培训和技术咨询等方面得到支持。职业教育在产学研三者中，始终把教学置于核心地位，生产和科研则围绕着教学发挥作用。实践教学计划的制订和实施应主动争取相关行业和企业专家的参与，通过建立专业指导委员会来沟通产学研渠道，共同制订、参与和监督人才培养的全过程。学校应根据企业的人才培养规格要求，开设相应课程；企业可为培养应用型人才提供实践锻炼机会，同时向学校推荐工程技术专家到学校担任主讲或顾问。产学研合作需按照互惠互利的原则，选择和争取那些技术先进、热心于职业教育、专业对口的企事业单位，与其签订联合办学协议书，使科研为地方经济服务，并把科研工作与人才培养结合起来。让学生参与科研活动，是尽早把学生引向学科前沿的有效手段。另外，教师的科研项目也可以吸收部分学生一起参加，教师负责总体设计与技术把关，让学生在教师的指导下完成项目子课题的设计。

3. 理论实践一体化教学模式

理论实践一体化教学模式，是指在特定的技术实训中心，通过师生双方边教、边学、边做来完成某一教学目标和教学任务。建立实训中心的好处在于：使教学更接近企业技术发展的水平，并与企业实际技术同步滚动；营造浓郁的职业氛围，达到能力与素质同步培养的目的；让学生接触先进的生产设备和教学装备；融理论教学、实践教学、技术服务与生产于一体，以其应用性、综合性、先进性、仿真性推动职业教育教学的深化改革。同时，这也是培养“双师型”师资队伍的重要途径。

（二）职业教育的教学方法体系

基于以上对职业教育长期以来形成的教学模式及其本质特征，应当能够对其教学方法体系的构成基础有一个较为明确的认识，下面进一步分析教学方法。

1. 建构职业教育教学方法体系的理念

作为教育的重要组成部分，职业教育应当符合教育的一般规律，现代教育中适用的教学方法也应当能够在职业教育中应用。与此同时，还应当考虑职业教育教学的特殊性，在教学中抓住理论与实践相结合、知识与技能相统一的方针，把握住要培养能够获得双证书（学历和技术等级或职业资格两种证书）、毕业后直接上岗的这一培养目标和任务，以此为根本理念，形成一套能够适应职业院校的理论教学与实践教学要求的教学方法体系。

在考虑到上述因素之后，构建职业院校教学方法体系还应当适应当前社会、科技、经济高度发展的需要，将现代教育中先进的教学方法与手段广泛地运用于职业教育教学中，致力于最大化地提高教学效率。

此外，在构建职业教育教学方法体系时，还要兼顾创新性。教学方法是有其常规性和普遍性的，但作为职业教育的教师，应当积极地致力于创造和发展新的教学方法以适应职业教育培养可持续发展人才的目标；不仅要积极借鉴与学习国内外已有经验，还要融会贯通，不断创新。

2. 职业教育教学方法体系的构成

职业教育教学方法体系由以下两部分构成。

（1）理论性教学方法

职业教育的理论性教学方法注重知识和技能的传授与掌握，重在加强理论修养和知识创新。该方法包括讲授教学法、讨论教学法、谈话教学法、自学辅导法、演示教学法、实验教学法、参观教学法、练习教学法等。

（2）实践性教学方法

职业教育的实践性教学方法要体现技术应用型人才的培养理念，注重实践能力的养成，要求在真实的实践中进行学习和锻炼，将理论知识转化为实践技术，并能够创造性地运用。实践性教学方法的核心指导理念应当是以行动为导向。“行动导向”是一种指导思想，其宗旨在于培养学习者具备自我判断的能力。在教学中，行动导向意味着，知识的传授和应用取决于学习目标、内容、方法和媒体等因素的重组，即在整个教学过程中创造出教与学和师生互动的社会交往的仿真情境，把教与学的过程视为一种社会的交往情境，从而产生一种行为理论的假设。这种理论是基于当代心理学最新发展成果，对职业教育教学理论和方法的深入研究和构建。

四、职业教育中现代教育技术的运用

（一）现代教育技术在职业教育中应用的目标和范围

1. 现代教育技术在职业教育教学领域应用的目标和原则

现代教育技术在职业教育领域应用的关键目标是深化教学教育改革，比如对职业教育的理念和教学的模式进行转变，从而改革教学的方式方法以及教学的手段和教学的环境。现代教育技术的应用具有非常大的发展潜能和显著效果，能有效地、全面地提高教育质量。在研究如何运用现代教育技术时应遵循以下原则。

（1）先进性原则

使用先进和成熟的教育理念来指导现代教育技术。

（2）准确性原则

现代教育技术在应用中必须使用科学的方法来准确无误地传达科学知识。

（3）趣味性原则

在多媒体教学软件中常使用图画（动画）、动态影像来表现教学内容，使其形象直观、丰富多变、有趣，有效地将数据、文字、声音、图像、色彩有机地融为一体。

2. 现代教育技术在职业教育教学领域中应用的范围

现代教育技术在职业教育教学的应用范围非常广泛。虽然目前在职业教育领域未设有专门的现代教育技术，但职业教育领域所应用的现代教育技术与其他教学领域所使用的现代教育技术还是存在一定区别的。例如，职业教育的侧重点在于将知识与实践相结合，并重视实际的操作技能。为此，职业教育就需要在教学内容的基础上进行大量的实践操作，因此，像仿真和模拟技术等操作性强的技术在教学中就应用得比较多。现代教育技术在职业教育教学领域中的应用范围主要包括开发课件、计算机教育、多媒体教育和网络教育。其中，多媒体课件作为一种使用比较广泛的教与学的辅助工具包含了大量的多媒体信息。多媒体教学的优势在于它能将难以用口头表述清楚的教学内容通过生动的画面展示给学生，例如情景设置、模拟实验、配对练习等。这些可视、可听的教学活动能够提高学生的学习兴趣和主动性，并让学生更直观地理解和掌握所学内容，同时还能活跃课堂气氛，扩大学生获取信息的渠道。

（二）现代教育技术在高等职业教育教学中的作用

现代教育技术是运用现代教育理论和技术，通过对教学过程和资源的设计、开发、应用、管理和评价，以实现教学现代化理论与实践、教学过程、教学资源、教学效果、教学效益最优化为目的。现代教育技术在高职教育中的作用主要体现在以下几个方面。

1. 现代教育技术为高职教育面向市场办学提供了有力的保障

随着市场竞争愈加激烈，人才需求更加多元化，这就要求高职院校必须面向市场办学，不断调整人才培养目标，使毕业生的职业能力与社会紧缺的岗位群相适应，而这种面向市场的专业调整，必须依托现代教育技术的运用来实现，传统的教育手段满足不了这一需求。

2. 多媒体、网络技术的应用可以为高职教育教学激发新思路，探索新方法，解决新问题

多媒体教学中利用CAI课件实现了问与答、分步骤演示、灵活问询、仿真教学、模拟试验等功能，具有很好的交互性。CAI课件可以模拟考试，也可用于学生在教师指导下的自主学习、复习、练习、测试和模拟试验等。

3. 教育技术为高职教育提供了丰富的资源

教育技术不但可以为学生提供课本知识，通过网络还可以引进国外先进的教学经验和教育资源，促进职业教育的发展。现代教育技术的应用能大大增加高职学生信息量的接收。学生通过上网，可以查阅与专业课相关的大量资料，了解世界各国同行最新技术发展成就，为今后就业找准突破口。

4. 教育技术促进了高职学生的创新能力培养

创新能力关系到职业教育能否适应社会发展以及高素质人才的培养，而多媒体教学环境能够有效激发学生的学习主动性、积极性和创新意识，有利于实现创造性的学习目标。学生运用现代教育技术，可以成为知识获取的主动构建者，可以培养终身学习的习惯，从而促进高等职业教育的持续健康发展。

（三）高职院校加强现代教育技术应用的主要策略

1. 多媒体教室设备管理网络化

随着多媒体教室在高职院校中的应用越来越广泛，设备管理也需要跟上时代对管理信息化的要求，设备管理与维护需要在依托网络的基础上完成建设。在多媒体教室建设过程中，需要统筹考虑，综合应用计算机技术、多媒体技术及网络远程监控技术，集中协同控制计算机、摄像头、投影机、幕布、功放等设备，利用声音影像远程交互系统，创造出一个远程交互可控的现代可视化网络多媒体视听教学环境，使教师随时能够与中心管理人员联系，设备维护人员在不到达现场的情况下也可以对多媒体设备进行故障排除及疑难解答，大大减少了教师不熟悉设备操作或设备故障对教学产生的影响。

2. 电脑操作的无线化，将教师从主控台解放出来

教师使用多媒体设备主要是使用多媒体课件或播放影音资料，其中关键设备就是计算机系统。传统的计算机操作需要使用键盘或鼠标等输入设备，教师不能远离主控台，所以这是学生和教师都觉得在多媒体教室互动性不够的一个主要原因。为此，我们可以使用无线的电子教鞭来代替键盘和鼠标，在教室的任何一个角落都能够完成电脑的基本操作，同时配合小巧的纽扣式无线话筒达到教师与学生在课堂上融为一体的客观环境，从根本上解决多媒体教室中教师与学生互动的技术障碍。

3. 加强培训，建设高素质师资队伍

现代教育技术的迅猛发展对教师提出了越来越高的要求，教师也面临着越来越大的工作压力，所以高职院校应鼓励教师不断学习并且创造条件定期对教师进行培训。让教师转变教育观念，表现在不仅应掌握和熟练本专业所授课程的知识，也应掌握一些现代教育技术应用知识。比如课件制作、图形制作、动画制作等内容。教师从教学目标出发，可根据学生的实际情况，利用各种信息技术手段，设计教学内容，但同时既要注重教师的教也要注重学生的学，尤其要突出学生的主体作用；在培训中，要结合学校实际，在培训理念、培训途径、培训方法模式上进行探索与研究，确保培训取得理想的效果；在观念上，教师现代教育技术培训要与新课改相结合；在培训内容和方式上，应在掌握现代教育技术理论应用的基础上，立足于教师信息素质的培养；在管理上，教师现代教育技术培训应力求制度化、科学化、规范化。

4. 充分利用网络再现教学过程

随着网络的发展，学生在网络上进行学习，教师在网络上与学生进行交流都成为可

能。教师在可视化网络多媒体教室中上课的过程都可以录制并存储在网络中心的存储服务器中。学院也可以将优秀教师的课程通过网络转播到其他多媒体教室中或存储在网络服务器中，随时调用，实现资源利用的最大化。学生课后在校园网络上可以随时观看教学内容，从而调动起学生学习的主动性。教师可以在教学平台上录制、发布自己的课堂录像，与学生在平台上进行交流与沟通。对于一些年轻教师来说，站在第三方的角度来审视自己的教学全过程，能够快速地提高自己掌控课堂教学的技术与能力，而且能够更好地设计教学内容，从而调动全体同学的学习积极性。

5. 加强现代教育技术的应用推广

一是通过精品课程建设，促进现代教育技术教学应用。优质示范课程在教学中试验、实施，可以起到很好的带头和示范作用，既有效地促进了现代教育技术在教学中的应用，又大大推动了课程建设与教学改革。二是加强信息技术与课程整合，创新现代教育技术应用。信息技术与课程整合是指在课程教学的过程中把信息技术、信息资源、信息方法、人力资源和课程内容有机结合起来，共同完成课程教学任务的一种新型的教学方式，它是信息技术与教师组织、指导和帮助学生学习的学科教学过程的有机结合。

现代教育技术在高职教育领域中的应用是教育现代化的重要标志。发展高职教育是推动经济和社会可持续发展的重要途径，也是提高劳动者素质、拓宽就业渠道的重要举措。因此，在现代教育中，要充分开发利用教育资源，完善基础设施，掌握新的现代教育技术手段，使现代教育技术的功能优势在教育教学中得到充分发挥，促进教育的改革和发展。

五、现代职业教育教学方法的选择与运用

（一）教学方法的选择

1. 选择教学方法的意义

对于职业教育的教学来说，世界各国在长期的实践中积累了有着本国适应性的、丰富多彩的教学方法。这对于开展教学是有极大的启迪和借鉴意义的，也为职业教学的成功奠定了坚实的理论与实践基础。然而，在具体教学中，并非运用的教学方法越多，教学效果就越好。因此，就存在一个对于教学方法进行精心选择的过程，这对于处于教学一线的广大教师来说是一项非常重要的任务，所以也就需要广大教师不断提高合理选择与运用教学方法的能力。

著名教学论专家孔德拉秋克（Kondrachok）曾说："教学的成败在很大程度上取决于教师能否妥善地选择教学方法。知识的明确性、具体性、根据性、有效性、可信性，有赖于对教学方法的有效利用。"因此，职业教育应当学会科学地、恰当地选择教学方法。正确地运用教学方法，是提高教学效果的前提条件。

2. 选择教学方法的依据

职业院校的教师要依据如下条件对教学方法加以选择与使用。

（1）依据职业教育教学的目的和任务

职业教育的教学目的和任务对职业教育教学中的知识、技能、方法有一定的要求，从而对学生在智能、思想品德、心理品质、身体素质等方面的发展就构成了要求，而这些要求可以体现在职业教育教学的任何环节中。作为教师在保证达到这一总体目的和任务的同时，也要准确地把握住所承担的具体课程，以及课程的每一个教学单元所要完成的目的和任务，使教学的目的和任务在宏观与微观两个层面上统一起来。对教学目的和任务的这种认识与把握，就需要对教学方法进行准确的取舍。比如，传授新知识的教学任务，就得选择语言传递信息的方法或直接感知的方法；如果要形成一定的技能、技巧，则要选择以实际训练为主的方法。

（2）依据学生的发展水平

学生发展水平包括知识、智能、思想品德、生理与心理等诸方面，这是影响教学方法选择的直接因素。教师应注意了解学生的年龄、生理特点、心理特点、学习准备基础、对各种教学方法的适应程度、学习自觉性、学习态度、自我检查学习效果的能力等。如果学生学习水平较高，学习准备基础较好，学习能力较强，可以多采用讲述、讲演、讨论、实验室实验、独立学习、演绎法、探索发现法、专题检查以及用问题激发学习兴趣，用义务、责任激发学习动机等方法；如果学生的学习水平较低，学习准备基础较差，学习能力较弱，则应多采用谈话、讲解、讲述、演示和展示、练习、随堂实验、归纳法、指导学习和日常检查、用新奇现象激发学习兴趣等方法。

（3）依据教学内容的特点

教学目的、任务是通过具体内容的教学实现的，教学方法不但要符合学科的特点，还要符合课程内容的特点。例如，理论内容宜选用讲解法、谈话法或讨论法；需要通过练习和操作才能获得的实验技能，适宜于选用操作教学法而不宜于用语言方法和直观方法等。

（4）依据教师本身的条件

选择教学方法要考虑教师本身的可能性，符合教师在教学方面的个人特点。教师运用各种基本方法的能力水平、对各种教学方法及其运用典型方法的熟悉程度、优选教学方法、综合运用各种教学方法的能力和经验、教学特长、教学风格和习惯等都会对教学方法的选择产生影响。口头表达能力强的教师，运用语言方法效果较好；擅长实验教学的教师采用演示法、实验法、探索发现法效果较好；思维敏捷、组织能力强的教师运用谈话法、讨论法效果较好。在选择教学方法时，教师要注意扬长避短，逐步全面地提高自己的教学水平。

（5）选择教学方法要考虑时间、设备等条件

由于教学时间有一定限制，且讨论法、参观法、自学辅导法比讲授法耗费的时间多等，教师在选用时应考虑时间是否允许；选用实验法等操作教学方法时应考虑是否有足够的设备；选择参观法时应考虑是否有符合要求的参观对象；等等。

（二）运用教学方法的关键

1. 要树立和坚持整体性观念

不同的教学方法有着不同的适应性和效能，有着自身的优点和缺点，在培养学生全面发展的任务上起着不同的作用。因此，在使用教学方法时既要发挥教学方法的优势，又要顾及该种方法的局限性。为了取长补短，就需要将职业教育中的教学方法看成是一个整体。教师在教学中要始终树立和坚持整体性观念，并能将各种教学方法搭配使用，充分发挥教学方法体系的整体性功能。

教学任务、教学内容、教学环境、教学对象以及教师素质共同构成了教学氛围，并且是一个复杂多变、动态发展的教学过程。这些因素的变化，决定了教学方法的运用上要发生改变，因此教学方法必须多样化。而在实际的教学过程中，种种因素又在不断的变化中，教师不能死守自己备课准备好的方案进行教学，应当能够及时调整，根据教学的动态恰当地变化，甚至是随机地运用教学方法，以达到教学效果的最优化。因此，把握综合的、灵活的教学方法原则是非常必要的。

2. 要贯彻理论与实践相结合的根本原则

职业教育的本质在于培养高素质技能型人才，而这种技能型人才实际上又与技术工人有着本质的区别，他们不仅应当是现代科学技术的实践者，而且应当是现代技术的创造者和更新者。因此，职业教育教学必须在注重实践技能培养的同时，加强理论知识的掌握，使理论教学与实践教学并重，从而使学生在理论知识与实践技能的养成上并重，使他们成为知识型的技能人才。我们反对片面地理解高职教学中的够用原则，更有甚者将其教条地理解为所谓“技能型”的概念。在当前社会经济的发展重要时期，在强调可持续发展的时代理念中，固守着片面的、狭隘的“技能型人才绝不是知识型人才”的思想，无视人才培养中的可持续发展，是极其浅薄的观念。

因此，在职业教育教学中，必须将理论与实践相结合的原则贯彻始终。

在运用教学方法中，不能片面地强调实践性教学方法，应当在合理使用理论教学方法的前提下，在深刻地理解和把握理论知识的同时，将理论与实践结合起来。在实践中运用理论，在实践中升华理论。这就要求广大教师在教学中对理论性和实践性教学方法都要熟练地掌握，在教学中不能厚此薄彼，而是根据教学目的搭配使用，提高教学效果。

第五章 新时代背景下职业教育的专业设置与课程设计

第一节 职业教育的专业设置

一、高等职业教育专业建设的含义

专业是高职学校改革的一个非常好的切入点和突破口，是高职学校的品牌和灵魂。一所学校只要能建出一两个特别不同凡响的专业，就能在未来有立足之地。高职教育专业建设则是专业内相关因素的组合：课程建设是专业建设的核心，师资队伍建设是专业建设的关键，实习实训基地建设是专业建设的保障。高等职业教育专业建设是一项包括教学团队、课程体系、实验实训条件、教学对象、教学管理等多个要素构成的系统工程，专业建设要素组合的逻辑顺序是否正确，直接影响专业建设的质量和效果。

专业建设不是一个空洞的口号，而是一种行动，是办学理念、办学定位落地的载体。无论何时何地，高职学校学术地位都不是靠乞讨得来的，而是要靠与行业之间的依存关系相互支撑，而这种跟行业“称兄道弟”的能力肯定会为学校赢得学术地位。高等职业院校的专业建设是一项系统工程，是学校适应人才需求和引导人才消费的一个基本尺度，反映学校对社会经济发展、科技发展和职业岗位的适应程度。专业建设的好坏直接影响高职院校的招生、学生的培养及毕业生的就业与创业，事关高等职业院校的生存与发展。专业建设的基本内涵包括专业布局规划、专业设置、培养目标定位、培养模式革新以及作为其后续工作的一系列评估（包括自评和他评）、验收等多方面内容。

二、高等职业教育专业建设的意义

当前，高职院校在发展中存在着一系列需要解决的问题，其中一个重要方面表现为专业建设的问题。如专业划分过细、覆盖面狭窄，与市场经济条件下的经济结构的多样性、产业结构的综合性和效益性不适应，忽视学生个性发展、综合技术能力的提高和人文素质的培养，制约了学生潜能的发挥以及知识、能力和素质的协调发展。因此，高等职业教育的人才培养必须在经济发展和个性需求之间进行准确的定位，明确人才培养的规格，而高等职业教育的专业建设是连接社会和个性需求以及教育供给的纽带，是职业教育顺应外部框架环境和教育内部运行机制、迅速做出反应并进行调整的切入点，高等职业教育专业建设的好坏决定着高等职业院校发展的命运，对高等职业教育发展具有重要的意义。

专业建设对于高职院校的重要性主要表现在三个方面。

（一）加强专业建设是高职院校发展的核心工作

专业建设关系到人才培养的规划和目标，关系到资源的配置和整合，关系到教育的质量和效益，关系到学术的繁荣和发展，也关系到职业教育与社会发展的协调与和谐。

专业建设是教学改革的切入点。专业是学校人才培养工作具体实施的载体，学生的专业知识和能力的构建是通过专业的学习来完成的，因此，涉及专业建设的课程标准、师资队伍、教学模式等主要内容的质量，势必会影响到人才培养的质量。各高职院校的人才培养工作，基本能实现对学生知识的传授和能力、素质的培养，但在培养和教育方面还存在一些问题，如专业理论知识的学习是否符合专业实际的要求；在教学模式上，如何更符合职业人才培养的规律；在能力培养方面，专业技能培养和创新能力培养如何相结合。这些问题只有通过专业内涵建设才能解决。专业门类设置直接关系到院校的生存与发展，专业结构调整影响院校的前途和命运。明晰目标思路，统一思想认识，根据高职类型、岗位特点、服务目标、学科基础建设科学的专业体系，加快专业内涵发展等是高职院校工作的中心。

（二）专业建设是学校办学特色的集中体现

众所周知，一所学校有名气，是与它自己的特色和优势相关的，这些特色和优势的形成是与学校的办学历史、文化积淀、科研成果和能为社会输送优秀的人才密不可分的。专业建设的成就不仅关系到专业人才培养目标的实现，而且会对学校的办学特色产生重大影响。高职院校大多都有自己的主要服务方向，与行业企业或区域经济有着较多的联系，办学特色正在逐渐形成，因此，进一步加强专业建设，巩固现有成果，深化专业改革，既可以提高人才培养的质量，增强专业特色，也会为学校的办学特色增添新的亮点。

（三）加强专业建设是实现“就业导向”的保证

高职教育的专业是院校与社会行业、职业、岗位群衔接的载体，只有不断加强专业建设，才能保证高职教育与生活发展同步。专业也是院校满足社会人才需求和引导社会人才消费的一个基本尺度，同时反映院校对社会经济发展、科技进步和职业岗位的适应程度。高职专业发展与社会需求有效对接是保证毕业生顺利就业的必要条件。高职教育也只有依据经济生活发展需求来设置专业类别、优化专业结构、组织专业设施，才能保证学生所学与社会岗位需求密切联系，以便在毕业后更好地就业；同时，高就业率又能使专业更具吸引力，保证充足的生源，从而做到“进口旺，出口畅”。

（四）加强专业建设是人才培养质量的保证，是提高高职院校核心竞争力的关键

专业建设涉及专业课程体系、人才培养模式、教师队伍、实验实训条件等内容，这些因素都直接关系到学生的培养质量。高职院校专业课程体系还需按职业教育的特点和

规律进一步改革和深化，人才培养模式和教学模式要按照工学结合的要求不断创新，教师队伍要按照专、兼结合的教学团队来构建，实验实训条件要突出生产性建设。

专业品牌是一所高职院校综合实力的象征、整体水平的体现和理想价值的追求。打造品牌专业是高职院校履行社会责任、办人民满意教育、培养经济社会发展急需高素质、高技能型人才的重要途径。高职院校要以一流专业来赢得一流的地位。专业建设是高职院校发展的命脉，调整专业结构、丰富专业内涵是教育教学改革的切入点，也是在激烈的办学竞争中，自我发展、自我完善、自我提高的增长点。

教育与经济之间的“服务”与“依存”关系的建立，最集中、最突出地体现在专业建设方面。这主要表现在三个方面。

1. 专业建设影响劳动力结构

劳动力结构是指一个国家或一个地区各个行业或各个层次劳动者的比重及其构成状况。在普遍实施“劳动预备制度”和“先培训，后就业”的劳动就业政策的当今社会，对劳动力结构能起根本作用的当首推职业教育。职业教育只有通过合理调整和设置专业，并进行合理的人才培养，才能向社会输送所需要的经过专门培养和专业训练的技术劳动者。

2. 专业建设影响产业结构

专业的设置是以产业的发展与升级以及产业结构的调整为前提的，反过来又对产业的发展与升级以及产业结构的调整产生极大的推动作用。职业教育的专业如果符合本地区产业发展的需要，培养的人才“适销对路”，就业率高，就能推动本地区的经济发展；反之，则会阻碍本地的产业发展。

3. 专业建设影响技术结构

只有提高职业教育专业设置水平，培养大批与地区技术水平相适应的人才，才能推动技术进步，使人才技术结构不断地优化。

第二节　职业教育课程设计的原则与模式

一、职业教育课程的内涵

（一）职业教育课程的含义

职业教育课程的含义，可以从狭义和广义两方面进行理解。狭义的职业教育课程是指职业院校的某一门学科、科目或某一类活动；广义的职业教育课程是与职业教育相关的一切载体、活动、过程的总和，包括职业教育的全方面，存在于职业教育课程设计与实施的全过程。

职业教育课程就其本质而言，是现代职业伦理的价值追求载体，通过课程内容、活动、目标等要素承载现代职业伦理价值对工作对象、职业定向、岗位能力的具体规定性。今后，随着对职业教育与经济社会发展关系认识的不断深入以及对职业教育、课程、职业资格等关键词汇把握的不断加强，人们对职业教育课程本质的认识也将不断深入。

（二）职业教育课程的作用

职业教育是课程主体与课程客体间相互作用的产物，是体现课程意义之物，涉及有关课程理论和课程实践的众多领域，对于课程发展具有重大的导向作用。职业教育课程的作用主要表现在以下几个方面。

1. 能够促进学生职业素质的形成

职业教育的人才培养目标是培养能走上工作岗位的，能在生产、服务、技术和管理第一线工作的高素质技能型、实用型人才。这一目标要求职业教育课程应着眼于提升学生的职业素养，帮助学生形成良好的职业意识和职业道德，帮助学生学会生存，塑造职业精神，做拥有良好公共素养的合格公民。

2. 能够促进学生就业能力的提高

职业教育是一种以职业为导向的教育，它的本质是帮助学生获得职业能力和资格，为学生的未来职业生涯打下坚实的基础。基于这样的认识，职业教育课程应以形成学生的职业能力为宗旨，这一目标体现了职业教育的本质。无论是专业知识的学习和专业技能的获得，还是职业素质和职业精神的提升，其最终目的都是提高学生的就业能力，使学生一毕业即能顺利进入工作岗位，在更高层次的目标上则是要为学生以后的职业生涯积累资本。

3. 能够促进学生专业技能的提升

职业教育是使受教育者获得某种职业或生产劳动所需要的职业知识、技能和职业道德的教育，其很明显的一个特征是以就业为导向。职业教育的目标是达到行业、企业、岗位或某一新技术使用的合格的技能人才，因此，职业教育课程一方面要传授给学生特定工作岗位所必需的专业知识和专业技能；另一方面要锻炼学生的实际动手操作能力，从而提高学生在生产实践中的应用能力，充分培养学生的岗位职业能力、自主学习能力、分析和解决问题能力及开拓创新能力，注重岗位技能培养，从而达到提升学生专业技能的目的。

4. 能够促进学生人格的完善

职业教育除要把学生转变为“职业人”外，还要把学生从单纯的“职业人”转变为“社会人”，即能适应社会发展需要，能不断自我完善和自我实现的人。这就要求职业教育课程要从单纯地传授职业知识和职业技能转变为关注学生的人格养成和身心健康发展，要注重学生的态度、情感和价值观的塑造，促进学生的人格发展和完善。

5. 能够促进学生智力的发展

职业教育课程在传授学生职业知识和职业技能的同时，还应该关注学生智力的全面发展。与普通教育课程更多地关注陈述性知识不同的是，职业教育课程更多地关注程序性知识，然而，无论是陈述性知识的学习，还是程序性知识的学习，都将有益于促进学生智力的发展。职业教育课程应该通过课程内容、课程设计、教学方式等方面来培养和强化学生的能力，如观察能力、记忆能力、想象能力、思维能力、创造能力等。

（三）职业教育课程的特征

职业教育课程除了具有一般课程的特征之外，还具有如下几个特征。

1. 特定性

职业教育的实施必须面向就业，必须确保其所培养的人才能够服务于第一线的社会职业工作。这就决定了职业教育的课程也必须面向社会职业，能够有效培养并不断增强学生的职业能力。也就是说，职业教育课程是定位于特定的职业或职业群的。具体来说，职业教育课程必须注意对职业领域所涉及的知识、技能、规范、道德等进行有效整合，并要对知识在实际中运用的可能性及其运用的条件与手段等予以高度关注，对于一般的原理分析以及理论推导则不必过分强调。此外，职业教育课程要注重培养学生的职业态度、职业技能，以便学生在走上工作岗位后能够快速适应岗位需要。

2. 适应性

职业教育课程的适应性特征，主要是通过以下几个方面表现出来的。

第一，职业教育课程要适应经济社会不断发展的需要，即要根据社会需要进行课程内容的选择与组织。社会是发展变化着的动态过程，职业教育的课程也必须适应这种变化并能根据变化及时调整。根据社会对人才需求的变化，做出最快的反应，把社会需求当作职业教育课程的出发点，培养出社会需要的合格人才。因此，职业教育课程设计必须进行劳动力市场需求分析，以使各专业课程内容与地区、行业的实际需求相适应，与技术的变迁相适应。

第二，职业教育课程要适应不同学习者的需求。也就是说，职业教育课程要与不同学习者的需求相适应，直接帮助学生形成广泛的知识、技能和良好的态度、价值观，增强学生的就业能力。

第三，职业教育课程要适应日新月异的科技的迅猛发展态势，应充分、及时吸收科技发展的最新成果。这也就决定了职业教育课程是一个不断进行、能紧跟时代发展的动态过程。

3. 应用性

与普通教育不同，职业教育是为具体工作做准备的教育，其培养的学生必须能有效地完成工作任务。因此，对于职业学校的学生来说，“会做”比“会说”更重要，因为工作中所依赖的知识大部分是实践知识，理论知识只有转化为实践知识后，才能被应用到工作中去。这就决定了职业教育课程必须是一种以实践知识为主的课程，要强调“学以致用”以及“学”与“用”相统一。只有这样，才能真正促进学生在实践中将所学习的技术理论知识转化为自己的经验知识，并最终内化为自身的职业技能，为日后走上工作岗位提供重要的知识与技术支持。

4. 多样性

职业教育课程的多样性特征，主要表现在以下几个方面：第一，根据不同的专业要求设置不同的课程，专业不同，职业教育课程内容的选择、课程的组织、教学方法以及评价方式等都可能存在很大差异。第二，不同区域的经济发展水平，各种行业的发展水平并不平衡，区域性特征明显的职业教育在课程设置上必须关注到这种差异，设计出适合当地行业发展水平的职业教育课程，不同区域的职业教育课程必然体现出差异性。第三，随着传统生源的减少，职业院校来自企业、社区进行在职、转岗、再就业等培训的生源将不断增多，如何设计出针对不同年龄层次，有着不同社会经历的不同生源所需求的课程，将是未来职业院校发展面临的一大挑战。

5. 应用性

职业教育课程的应用性特征，主要表现在以下几个方面：第一，职业教育的课程内容具有应用性。职业教育的专业设置要适应地区、行业的实际发展需求，要适应科学技术的发展变迁，要更多地与经济和社会的发展接轨。第二，职业教育课程要求锻炼学生的实际动手操作能力，从而提高学生在生产实践中的应用能力。职业教育课程目标要求学生在课程内容学习结束后，能快速、准确地将所学知识应用于生产、服务、技术和管理之中，更强调的是学生对技术知识的运用和实践，而不是理论推导和分析。第三，职业教育课程注重为学生设计各种专业活动与专业实习、社会实践活动、公益性活动等，这些活动既可以在课堂内进行，也可以在课堂外进行。但无论它是哪一种类，采取哪种实现形式，都必须从学生直接经验出发来学习，强调学生从实践中亲自感受和体会，强调应用性，使学生在“躬行”中获得内心的情感体验，获得技能，丰富精神世界，促进自主和谐发展。

二、职业教育课程设计的基本原则

职业教育课程设计指的是产生职业教育课程方案的全过程，包括职业教育课程目标、职业教育课程内容、职业教育课程组织以及职业教育课程评价等环节。要确保职业教育课程设计的科学性和有效性，就需要在设计过程中切实遵循以下几个基本原则。

（一）科学性原则

这一原则指的是在进行职业教育课程设计时，必须充分考虑到职业教育的发展规律以及职业教育课程发展中不断出现的新理念。只有这样，才能确保所设计的职业教育课程能够符合现代社会以及职业的发展要求，进而在职业教育的未来发展中充分发挥自己的作用。

（二）客观性原则

这一原则指的是在进行职业教育课程设计时，必须做好充分的调查研究。现代职业教育课程设计在各个环节都需要认真坚持和贯彻这个原则。比如，课程是否需要进行设计，这就需要查找与学校、行业、企业有关的调查统计数据来认证；联系课程内容，需要对学生的个性特征、职业特性以及它们的结合区、关联区等进行一系列的调查研究；课程内容质量的优劣，同样需要通过对教师、学生乃至社会用人单位的信息反馈进行调查研究。没有充分的调查，就不会知晓学生、社会需要什么样的知识、技术和能力，也不会知晓现有的课程是否适应学生和社会发展的需要，也就谈不上课程设计，即使有也只能是纸上谈兵或闭门造车，这样的课程在实践中肯定是行不通的。

（三）人本性原则

职业教育课程的主要任务是提高学生的综合职业能力，为学生就业做准备，为学生发展奠定基础。为此，职业教育课程的设计必须切实以学生为本，确保所设计的课程能够帮助不同程度的学生都能达到课程目标。

（四）实用性原则

职业教育的目标是要培养学生具体“做事”的能力，而“做事”能力的形成需要综合大量的多学科的知识和实践经验积累。职业教育学与工作心理学研究表明，工作经验是职业从业人员最重要的知识。他们工作所需要的知识、技能和处理实际问题的能力，多通过工作实践获得。因此，职业教育课程的设计应坚持实用性原则，使课程内容、课程实施条件和环境尽量与现实的职业生活相一致，而不应根据学科系统性原则，按知识的形态、知识的层级、能力的类型等设置空间分布和时间顺序。

（五）衔接性原则

职业教育目标主要是通过职业教育系列课程实施来实现的。职业教育课程结构之间、课程内容内部之间以及与之相关的教学活动和其他教育活动之间都存在着一定的结构化、系统化的关系。只有这些关系是合理、和谐的，才能共同促进教育目标达成。职业教育课程设计的衔接性主要表现在：不同领域的课程内容的衔接；每学期教学活动的逻辑衔接；普通课程与专业课程的相互促进；不同教育层次、不同教育类别之间的衔接。职业教育课程设计的衔接性决定了课程目标、课程内容及课程评价的一贯性与有效性，是学生可持续发展的重要手段。

（六）灵活性原则

灵活性既是职业教育课程的特点，也是职业教育课程设计应遵循的基本原则。只有对社会生产、服务和管理领域的技术更新有新的认识，对变化着的劳动力、人才市场具有灵活的适应性，职业教育课程才能具有生命力，才能实现其预定目标，这样的课程设计才有可能成功。

（七）开放性原则

这一原则指的是在进行职业教育课程设计时，必须积极发挥行业企业的作用。也就是说，职业教育课程设计必须积极引导行业企业的专业人员参与其中，这对于确保所设计的职业教育课程的内容与工作岗位的要求相符合具有重要的作用。此外，行业企业参与到职业教育课程的设计之中，还能确保所设计的职业教育课程的内容紧跟时代发展的步伐。职业教育课程实施中所需要的设备等资源，也在一定程度上需要依靠行业企业提供。因此，职业教育课程设计与普通教育课程设计的一个主要区别，就是前者必须打破学校与行业企业之间的界限，要跳出职业院校自身发展职业教育的窠臼，开展校企合作，尽量依靠行业企业进行职业教育的课程设计。

（八）前瞻性原则

教育是面向未来的事业。作为与生产、生活紧密结合的职业教育，不仅要考虑课程实施的预期效果，还要根据未来的发展变化不断修订课程。以就业为导向的职业教育，要实现“用明天的科技，培养今天的学生，为未来服务”。在课程设计中，只有高瞻远瞩，预测行业和技术的发展趋势，使课程具有一定的前瞻性，才能增强学生在未来工作岗位中的竞争性。

（九）适时评价原则

课程评价是课程设计工作中必不可少的环节。职业教育是一个开放的系统，与社会、经济的关系最为密切。课程目标是否合理，课程内容是否适当，课程实施效果如何等，均需要给课程设计者做出及时的反馈。因此，在职业教育课程设计过程中必须自觉重视和遵循适时评价原则。

三、职业教育课程设计的模式

不同课程的设计模式是不同课程观念的具体体现，我国职业教育课程设计的模式主要有以下几种。

（一）“三段式”课程设计模式

这种课程设计模式通常把职业教育课程分为文化基础课、专业理论课和实践课三类，按照从基础到应用的顺序进行排列，构成一个正三角形。在这一模式中，文化基础课和专业理论课普遍在十几门以上，占总课时的 50% ～ 60%，有的职业学校甚至达到 70% ～ 80%。整体看，理论知识所占比例过重。同时，每一门课程的微观排序也遵循这一原则，实践知识居于次要的地位。这种模式的着眼点更多是在理论知识的掌握上，而不是在实践过程的应用上。另外，这种课程模式以知识本身的逻辑为中心，不是以实践任务为中心来选择和组织课程内容。究其实质，“三段式”课程就是在传统学术教育课程的基础上，简单地加上一个“实践”环节，这种简单的叠加不仅在课程的结构上不具有一致性，而且难以突出职业教育自身的特色。

（二）能力本位课程设计模式

“以能力标准”为核心的职业教育课程设计，突破了学科课程的框架，强调以产业界对职业能力的需要为出发点，注重培养学生企业所需要的实际操作能力，采用的是能力本位的职业教育和培训课程。尽管能力本位的课程设计模式多种多样，但在课程结构上均体现出模块化的特征。一个模块就是一个相对独立而完整的学习单元，它包括旨在为帮助学生掌握某一明确陈述的学习目标而设计的一系列学习经验。

（三）实践导向课程设计模式

这种课程设计模式注重以工作任务为中心组织课程内容，以工作内容为纽带，使理论知识与实践知识整合统一到课程中去，但前提必须是实践知识和理论知识有内在的逻辑联系。同时，实践导向课程设计模式也必须按照从实践到理论的顺序组织每一个知识点。这种课程设计并非意味着课程内容只能按照从实践到理论的单向方式进行组织，而是主张从实践知识出发建立理论知识与实践知识之间双向、互动的关系。学习理论知识后，再重新回到实践，不仅进一步加深了对理论知识的理解，而且可以发挥理论知识对实践知识的促进作用。如此循环往复，会获得最佳教学效果。

第三节　职业教育课程设计的流程与评价

一、职业教育课程设计的基本流程

职业教育课程设计是一个程序化的，各步骤、各环节相互影响的系统工程。从现实实践和研究成果来看，职业教育课程代表性的设计流程主要有两种，即“五步法”职业教育课程设计程序和“十步法”职业教育课程设计程序。

（一）“五步法”职业教育课程设计程序

“五步法”职业教育课程设计的程序，具体包括以下几个方面的内容。

1. 对职业教育课程设计进行整体规划

在职业教育课程的设计过程中，这一阶段的工作质量会影响到以后各项具体工作的方向和结构关系。这一阶段的工作内容和步骤是判定课程面临的新问题或新任务，这是职业教育课程设计的开端；根据面临问题或任务的性质，采取适当对策。对于小问题可通过对个别科目具体内容的增减来解决；对于大的复杂的问题，则需要对整个课程重新做全面的选择，建立新型的课程结构。

2. 进行职业教育课程设计的前期调查

在具体设计职业教育课程前，需要开展一些调查工作，包括对课程的职业结构以及岗位的要求变化进行调查。

调查应由专业教师和行业专家共同进行。调查对象是职业现场的劳动者及相应的基层管理者，即“当事人”。对于调查资料，要分析后制定简明而全面的职业能力表和相应说明书，它们是课程目标和内容选择的主要依据。

3. 选择职业教育课程的内容

职业教育课程内容的选择就是依据课程标准对最新技术、学习经验以及职业生活进行精心分析和取舍的过程，这是选择教材、编制教材的基础。包括职业活动项目、活动程序、活动环境的途径与策略等。

4. 建立职业教育课程的结构

课程内容是一个有机的整体，由于教学分工和人类学习的特点，不得不把它分割成不同的科目，至于如何分割则取决于课程结构模式。因此，建立课程结构，首先要确定课程结构模式，其次通过对课程内容资料库中每个项目内容逐一分析，确定它们之间的序列结构，最后组建教学科目。

5. 编制相关的职业教育课程文件

课程文件编写的最终成果分为不同系列的成形文件，如课程整体框架及各部分之间关系的说明、每一科目的目标及具体标准、课程实施文件及教学策略的说明、科目内容的表述、课程实施结果的评价方案等。

（二）“十步法”职业教育课程设计程序

“十步法”职业教育课程设计的程序，具体包括以下几个方面的内容。

1. 进行职业教育课程设计决策

这一步是确定某专业的课程是否需要设计和是否值得设计，这是对课程设计的适宜性和价值性作出决策。是否需要设计是指已有的课程设计是否已经难以满足企业和学习者的需要；是否值得设计是指将要设计的课程是否能够符合劳动力市场发展的趋势，是否有发展前景，是否满足企业和社会对未来人才需求的标准。

职业教育课程设计的出发点是职业岗位实际需求，而不是学科本位。职业教育的课程设计应该从工作岗位、工作任务出发，强调能力本位，要求企业与学校合作，让理论和实践互补，工作过程很可能是一条路径、一个手段、一个结构。工作实践应当是未来职业教育课程设计的核心，“工作与课程”是未来职业教育课程设计的重要主题，未来职业教育课程设计的核心问题是如何从工作结构而不是学科结构中获得职业教育课程结构，也不是简单的“加强实践教学环节”。

2. 规划职业教育课程的目标

获得课程设计决策许可的专业确定后，接下来的工作就是对整个专业课程目标进行规划。长期以来，我国的职业教育课程目标不明确，流于形式，无实质内容。因此，在新的课程设计中，不仅要重视课程目标，而且要注意将课程目标明确化和具体化。

职业教育课程目标是职业教育课程实施所要达到的预期结果，即学生在学完课程之后所应该掌握的知识、学会的技能以及养成的态度等。在确定职业教育课程的目标时，要充分考虑到社会的发展现实、企业的用人需求、国家与地方的教育政策、学生的实际发展水平与发展需求等，还要积极听取相关学科专家以及课程专家的意见。职业教育课程观所坚持的明显的职业导向性是其区别于普通教育课程观的显著特征之一。

3. 明确职业教育课程的门类

在确定职业教育课程的目标之后，就需要明确需要开设哪些课程才能有效实现这一目标，即明确职业教育课程的门类。

在进行职业教育课程设计时，对职业教育课程的门类进行确定是非常关键的一个环节。只有做好了这一工作，才能促进职业教育课程计划的有效形成。此外，在明确职业教育课程的门类时，所依据的职业教育课程思想不同，最终的结果也会有一定的差异。

4. 确定职业教育课程的结构

职业教育课程结构设计就是对已经确定的职业教育课程门类，按一定的时序进行排列，并分配合理的课时。职业教育课程设计的结果就是形成某专业的课程计划或方案。

在对职业教育课程的结构进行设计时，首先需要对文化课与专业课的课时进行合理安排，确保两者的比例科学、合理；接着需要确定按照怎样的顺序来开展这些课程。以前，职业教育课程开展的顺序通常是从理论到实践、从基础到应用、从一般到具体。现在这样的职业课程开展顺序应该发生一定的改变，即从实践到理论、从应用到基础、从具体到一般。这样的职业教育课程开展顺序，使得职业教育课程的结构逐渐由封闭转为开放，而且有利于学生在完成工作任务的过程中有效掌握相关的知识与技能，还能为学生从学习者角色转换为工作者角色提供一定的支持。

5. 设计职业教育课程的内容

设计职业教育课程的内容是指根据课程计划，确定每门课程的内容，形成课程标准，包括每门课程应当包含的工作任务、所需知识、技能和态度以及教学模式、环境条件、评价方式的选择和建议等。

在设计职业教育每门课程的内容前，要先确定每门课程的具体目标。也就是各门课程应当包括哪些内容，怎样组织这些课程内容，并设计出每门具体课程应包含的工作任务及完成这些任务所需的知识、技能和态度，形成“课程标准”，包括教学计划、教学大纲等。课程内容的选择分为两个层次：整个专业课程的构建即各门课程的选择和各门课程内容的选择。这两个层次之间存在着十分密切的关系，只有对课程总体结构的功能进行了深入了解与分析，才能对各门课程的内容进行合理安排；只有对各门课程的相关情况（如作用、功能等）有一个整体把握，才能对整个专业的课程结构进行有效构建。此外，在对职业教育课程的内容进行设计时，要充分考虑到学校的实际教学条件、教师的教学水平以及企事业单位所能够提供的实训条件。只有这样，才能确保设计好的职业教育课程得到有效实施，并能够取得良好的效果。

6. 组织职业教育课程的内容

在进行职业教育课程设计时，一旦确定了某一门课程的内容，就需要考虑如何对这些内容进行有效组织，并将其通过教材或是教学辅导书的形式呈现出来。

根据职业教育特性，在对职业教育课程的内容进行组织时，要切实依据学生职业能力的不断提升这一重要的前提，并要注重课程内容具有实用性和针对性，以便能够帮助学生实现完成一定工作的需求。在对职业教育课程的内容进行组织时，要注意对某一专业领域的前沿性理论以及新的工艺或方法等进行反映；注意在职业情境中对学生的职业活动能力进行锻炼；注意理论与实践的有机融合，以使学生不断提高自己的综合职业能力等。

7. 选择职业教育教学的模式

职业教育课程设计编制出教材后，还应该重视教学模式的选择。无论课程理论，还是教学理论，针对教材选择专门的教学模式都还是研究比较少的领域。而已有的教学模式大多数是针对课堂教学提出来的，与职业教育课程重工作、重实践的特点不符，因此，需要开发和选择适应职业教育课程特点的教学模式。

8. 开发职业教育课程实施的环境

职业教育课程实施环境开发，就是要对职业教育课程实施环境进行设计，目的是更有利于职业教育课程的实施。

在课程实施环境上，强调校企合作是提升教育教学质量的有效途径。校企合作发展的新方向是“学校和企业一体化发展”，校企共同开发专业课程，共同搭建实训平台，建设功能多元的实训基地，以此组织生产和实训，达到“实训室—车间、教师—师傅、学生—学徒、实习—生产、作品—产品”的有效融通，真正实现产学研一体化，实现校企双赢，为经济社会发展做出贡献。

9. 选择职业教育课程的评价方法

作为一个课程设计的完整程序，课程评价是课程设计的最后一个步骤。评价模式多种多样，不同的评价需要会影响到评价方式、方法的选择，而不同的评价方式与方法，又会对评价的目标和功能产生影响，甚至影响到课程设计的最初环节。

在职业教育的课程评价中，要想如实反映并评价学生对课程内容的掌握，就要首先选取与学生在工作实践中所需要的实际知识密切相关的工作活动，而不是替代品。同时，在职业教育课程内容体系中，理论课程与实践课程的割裂，导致学生知识结构的割裂，因此，在评价过程中要充分考虑知识的整合。但不能把这种评价仅仅作为课程结束的一个附加项目，而要时刻把它作为课程的一个有机组成部分。还要充分运用评价者的判断，只有充分利用基于评价者专业知识的判断，才有可能真正识别学生的工作能力。此外，评价还要为学生提供多种学习与反思的机会，即评价的目的不仅仅是测量学生的学习结果，还要有助于发展学生的能力。对学生来说，实践能力的发展是无止境的。学生从评价的反馈和反思中获得学习机会，既支持了自己的实践能力向更高水平发展，同时也可以测量学生的反思品质，即从实践中学习的能力。

10. 进行课堂层面的职业教育课程改造

有了课程计划、课程标准、教材、教学模式以及课程实施环境，接下来就可以实施职业教育课程了。但按照古德莱德（Goodlaide）对课程的分类，教师会按照自己对课程的理解，按照自己特有的风格来设计课程。而针对不同的学生，不同的教学环境，甚至不同的地区文化，教师也必须对原来的课程进行某种程度的改造。这就是课堂中的课程改造，也是课程设计中非常重要的环节。

二、职业教育课程设计的评价

职业教育课程设计评价是职业教育课程设计的一个有机组成部分，目的是在职业教育课程设计理论研究与实践过程中，使职业教育课程设计的方向更加明确。

（一）职业教育课程设计评价的原则

在进行职业教育课程设计评价时，为确保其科学性、客观性和有效性，要切实遵循以下几个原则。

1. 全面性原则

职业教育课程设计评价不仅要对职业教育课程设计落实职业教育目的的程度进行评价，还要对职业教育课程设计落实教育目的的科学性、经济性和有效性等进行评价；不仅要评价职业教育课程方案本身，还要评价职业教育课程设计的指导思想、理论与方法；不仅要评价职业教育课程设计的基本内容，还要评价课程方案的呈现方式等。

2. 多元性原则

这一原则是针对职业教育课程设计评价的主体而言的。课程实质上是一个以学校为基地进行课程开发的、开放的、民主的决策过程，即教师、课程专家、学生、社区人士和行业共同参与学校课程计划的制订、实施和评价活动。作为课程开发中的一个环节，在进行课程设计的评价时，应将上述这些与课程有关的人员都包括在内，使各方课程消费者都有平等表达自己需求和意见的机会。

3. 系统性原则

这一原则是针对职业教育课程设计评价的指标而言的。职业教育课程设计评价指标是职业教育课程设计基本属性的表征，所以，职业教育课程设计的评价指标应该产生于对职业教育课程设计内在的本质结构和属性的分析。职业教育课程设计评价指标须具有一定的系统性，以便能够对职业教育课程设计的全貌进行有效反映。

4. 多样化原则

这一原则是针对职业教育课程设计评价的方法而言的，要运用多样化的方法来展开职业教育课程设计评价，如内部评价与外部评价相结合、定量评价与定性评价相结合、形成性评价与总结性评价相结合等。这样做能够在很大程度上避免职业教育课程设计评价的主观性、随意性等。

（二）职业教育课程设计评价的标准

职业教育课程设计评价的标准是多种多样的，且会随着社会的发展而发生一定的改变。在这里，具体阐述一下职业教育课程设计中课程目标、课程内容、课程组织以及课程设计呈现与表达的评价标准。

1. 职业教育课程设计中课程目标的评价标准

在职业教育课程设计中，对课程目标进行评价可依据以下几个标准。

第一，课程目标是否与社会需要相符合，即是否能对社会主义建设者进行有效培养。

第二，课程目标是否与职业需要相符合，即是否能培养大量服务于一线的技术应用型人才。

第三，课程目标是否与学生需要相符合，即是否能促进学生的全面发展与健康成长。

第四，课程目标确定过程中，其指导思想是否具有先进性，所运用的理论是否具有可行性、所选择的课程目标确定方法是否具有可行性、课程目标确定的人员结构是否具有合理性等。

第五，课程目标的内容是否全面。

第六，课程目标的结构是否清晰。

第七，课程目标的表现形式是否具体、明确。

2. 职业教育课程设计中课程内容的评价标准

在职业教育课程设计中，评价课程内容可依据以下几个标准。

第一，课程内容是否具有科学性、先进性和前瞻性。

第二，课程内容是否能服从并服务于课程目标。

第三，课程内容是否来源于实际，能否有效解决学生在未来的社会以及职业生活中面临的问题。

第四，课程内容是否与学生的身心发展水平相符合，是否能有效促进学生学习动机的发展以及学习能力的提高。

第五，课程内容是否适合社会以及职业发展的要求。

第六，课程内容的选择方法是否科学、先进，以及选择的范围是否合理。

3. 职业教育课程设计中课程组织的评价标准

在职业教育课程设计中，对课程组织进行评价可依据以下几个标准。

第一，课程组织是否与学生的学习动机、能力形成过程和特点相符合。

第二，课程组织是否与产学研相结合的教育模式的实际要求相符合。

第三，课程组织是否与社会的发展现实以及职业发展实际有机结合。

4. 职业教育课程设计呈现与表达的评价标准

职业教育课程设计呈现与表达的评价标准有以下几个。

第一，课程设计的文字是否简练、准确、规范，图表使用是否科学、恰当。

第二，课程设计的结构是否完整、简单、明了，是否便于学生进行了解与掌握。

第三，课程设计的表述是否与学生的心理特点、理解能力以及接受能力相符合。

第四，课程设计的格式是否规范、严谨。

第六章 新时代背景下职业教育产学研一体化

第一节 职业教育产学研一体化办学概述

一、职业教育产学研一体化的内涵

首先，是对于产教融合的理解。在理论层面，一些学者认为，“产”是指产业，“教”是指职业教育，融合是指在某种机制的作用下两者的资源、日常运行在一定限度内融合在一起，发挥更大的作用，实现更大的产出。也有一些学者认为，“产”应该是指生产，产教融合是指职业教育的人才培养过程应该和生产过程结合起来，实现学中做、做中学，让师生深入生产一线，这样才能更好地遵循技术技能人才培养规律。显然，第二种理解虽然比第一种狭隘，但是却比第一种具体，它很好地回答了应该怎样实现产教融合的问题。同时，从政策体系层面来看，把产教融合与深化校企合作等同起来是正确的，但是，产教融合不同于深化校企合作，深化校企合作有更多的路径。很重要的一点是，政府应从政策制定的角度细化产教融合，为其持续发展提供政策、法律法规的保障。从政策制定的角度来看，产教融合这一概念的提出，对于职业教育的发展具有深远意义，它为两个国民经济部门之间的合作与对话提供了政策上的依据，为突破当前职业教育浅层次的合作，推动双方利益诉求的满足提供了通道。在实践层面，一方面，产教融合是落实政策的要求；另一方面，产教融合也是满足区域产业升级，为经济社会发展提供高素质技术技能人才的要求。职业教育必须跨越教育与生产、学习和工作、知识和技能的界限，实现专业（群）和产业对接、课程内容与职业标准对接、教学过程与生产过程对接，培养动手能力强、富有创造精神、掌握行业发展趋势的高素质技术技能人才。

其次，是关于产学研合作的理解。产学研合作起源于企业、科研机构和高等学校之间的合作，通常指企业在技术需求的拉动下，与科研机构、高等学校之间的技术研发、科研成果转化、产品开发等领域的合作，其实质是促进技术创新所需各种生产要素的更有效组合，强调资源的重新优化整合。作为一种制度设计，它通过资源、收益共享的方式促使企业、科研机构等分属不同社会属性的主体基于共同利益和互相需求，寻找共同发展而开展的深度合作与交流的形式。

综上所述，产教融合、产学研合作和产学研一体化之间的关系可以这样解释：一是产教融合是职业教育发展的内在价值取向，为产学研合作和产学研一体化提供方向性的指引，既不提供具体的办学模式，也不回答采用何种人才培养模式，它的核心作用是高屋建瓴式地发挥引领指导作用；二是产学研一体化是产学研合作的高级模式，它以“校企研一体化”为导向，以共同进行技术研发、成果转化、专利发明权利的转移等为载体，实现不同所有权下的资源优化整合，它克服了组织实体间的差异，是层级更高、程度更深、潜力更大的系统性技术技能人才合作培养的现代模式。产学研一体化与产学研合作并没有实质性区别，关键在于合作主体之间利益的紧密度、行动的协调度。但是，如果产学研一体化已经达到互持股份的程度，则与产学研合作就具有本质区别，因为产学研合作毕竟是不同主体明显区分开的。基于以上分析，我们可以如此定义职业教育产学研一体化：在校企深度合作、产教融合的基础上，发挥职业院校、企业、行业及科研机构的资源优势，为人才培养提供做中学、学中做的多种教学环境、教学资源以及人才培养模式，融生产性实训、顶岗实习、研发为一体的，旨在把以课堂教学、专职教师为主的学校教育与直接获取岗位工作经验、职业能力为主的生产、产品研发、科研成果转化等有机结合的教育形式。它是一种更加符合职业教育教学规律，重在强调技术技能人才系统性培养的人才培养模式创新，也是中国进入智能制造时代后，职业教育发展的必然方向。

二、职业教育产学研一体化办学实践层面的特征

（一）办学主体多元化：多方参与主体的利益共享

从职业教育的性质、人才培养目标来看，跨界应是其本质属性，职业教育产学研一体化既实现了办学主体的多元性，也是其体现跨界性的途径。跨界的职业教育需要相关主体全面看待利益：教育者跳出教育看教育，看到市场对人才的需求，看到其他主体对培养人才的作用；企业家跳出企业看企业，看到企业发展的动力源泉，看到企业参与教育对企业的益处；科研机构跳出科研看科研，看到教育主体对科研的推动作用，看到职业教育对人才储备的意义。当然，不同主体从不同的角度对同一问题可以得出不同的答案，最重要的是，把握利益所得的来源多样性。产学研一体化涉及政府、行业、企业、学校、科研机构等众多相关利益主体，它不仅在办学模式方面实现了多主体化，更重要的是在利益相关者之间实现了资源优化整合再配置。在分析其办学实践特征的时候，我们不仅要先明确办学主体的角色和定位，还要把各个主体的职责与功能作为先决条件，这样对于产学研一体化的动机、发展机制才能梳理透彻，为归纳出其深入推进和持续发展机制做好铺垫。

1. 政府

政府作为社会公共事务的管理者，其推动职业教育产学研一体化的最终目的是社会、经济持续有序发展，承担着为企业、学校、科研机构架设沟通渠道，制定法律法规、监督体系、宏观调控体系的职责，同时，也担负着组织协调、制定激励机制的功能，其获得的直接利益是人力资源的优化、技术创新体系的完善、就业率和税收的持续增长。

2. 行业协会、学会

行业协会、学会虽然是民间组织，但在我国经常扮演准政府组织的角色，在职业教育产学研一体化的产生、健康发展中也起到很重要的作用。它的直接作用有两方面：

一是架起企业之间、企业与学校之间、企业与政府之间合作的桥梁，职业教育产学研一体化的主体可能是多个企业、学校，这时，行业协会的组织、协调作用就非常重要；二是作为产业界的代表，从微观、中观及宏观上参与指导教育教学、开展质量评价，它可以作为区域性或全国性的行业界代表影响专业人才培养的整体规格和标准，规避与单一企业合作时的局限性。中国行业协会、学会在职业教育人才培养中的作用在不断增强，它们不仅参与人才培养方案、课程标准、实训实习项目、质量评价体系的制定或修订，而且作为政府或行业的代表影响行业性科研的方向、师资队伍建设及职业资格培训和鉴定。

3. 企业

企业作为营利性组织，不仅影响职业教育产学研一体化的发展方向，而且是其持续发展的中坚力量。职业教育人才培养质量大多要在企业岗位最终受到检验，生产性实训实习要靠企业提供或辅助建设必备的环境，技术研发或产品开发要靠企业转化为经济效益。无论从理论层面还是从实践层面，企业在职业教育产学研一体化的发起、运行中的作用都不容忽视。可以说，企业参与的积极性决定着产学研一体化的运行质量。职业院校人才培养与产业需求对接、课程内容与岗位要求对接，必须以与企业密切合作为前提。中国许多职业院校在开展产学研一体化的过程中，均在政府的宏观政策指引下，直接由政府作为协调者，成立了学校、行业、企业及科研机构和其他社会组织等主体参与的组织机构，产学研一体化的多元主体参与特征非常明显。

（二）人才的系统性培养：产学研的有机统一

生产、教育教学、研发的有机融合是职业教育产学研一体化促进技能技术人才培养方面的特征，三者的紧密联系构成了交互式有机体，它有效实现了知识、技能、成果转化的相互促进和有序提高，是促进职业教育人才培养与市场需求的衔接、有效服务于区域经济社会发展的重要路径。

1. 推进产教融合

产教融合是职业教育校企合作深入进行的主要趋势，当前校企合作的订单培养、顶岗实习等模式存在先天不足。订单培养打破了人才培养的社会服务性，成为某些甚至某个企业的专有品，如果企业运营不佳或合作出现偏差，不但订单班的学生未来人生发展受挫，而且可能从根本上影响学校的教育教学水平。而产学研一体化中行业企业和学校等相关利益方的关系更加紧密，甚至达到互持股份的地步，任何一方都在合作中有一定的发言权和决策权，可以在一定程度上参与合作方的日常管理。在这种模式下的企业是全过程、全方位参与人才培养的，从人才培养方案、课程标准、实训实习项目的制定到学生的评价，人才培养规格、专业（职业）技能项目及能力标准与岗位、市场需求紧密对接，教育教学和生产通过系统化、组织化的对接，保障了高素质技术技能型人才的培养。

2. 产研互通

生产和研发之间应存在天然的紧密联系，但是在传统的职业教育任务中，教师以理论教学为主，实训是为了消化、理解理论，理论教学、实训实习都是为了掌握一线操作技能。产学研一体化彻底改变了这种局面，把“科研”视作职业教育的重要组成部分，把“生产”“科研”设计为同时进行的过程，生产为科研创造了机会和条件，科研促进了生产的转型升级、效率改进及与市场需求的对接。这种模式提高了职业院校在企业心目中的地位，职业院校不再是廉价劳动力的提供者，而是高素质技能技术人才的摇篮，是企业利润来源、核心竞争力积累的重要组成部分。产学研一体化的办学模式契合了企业对人力资源、技术创新的需求，以市场为导向的生产和以生产为导向的科研及其成果转化，为职业院校发挥产品开发、技术升级攻关提供了发展的渠道。产学研一体化以实习为形式、项目为载体、问题为导向，通过“生产为导向、问题解决为中心”的方式，以产促研，以研促教增效，形成良性循环的有机系统。

总之，职业院校产学研一体化实现了产学研的完美结合。在传统观念中，职业教育培养的是生产一线技术工人，没有能力从事“研”，“研”的参与体现了职业教育人才培养的高标准，同时也是培养高素质劳动者和技术技能型人才培养的保障，从根本上打破了传统的束缚，拓展了职业教育人才培养的内涵。高职院校教师应改变只重理论、轻生产一线的弊端，潜心钻研生产一线的“研”。因此，“做”“学”“研”结合可以从两个方面来理解：一是学生技术技能培养和技术研发、岗位操作的关系；二是教师技能、专业水平、教学能力的提高和技术研发、岗位操作的关系。“做”“学”“研”不是截然分开的，“做”中有“学”“研”，“学”“研”在“做”中进行，学生和老师同时都在进行“做”“学”“研”，二者也不是单向的独立过程，而是双向的互动过程，并且统一于企业技术研发、岗位操作过程中。简单来说，就是企业为师生提供“做”的环境，在“做”的过程中“学”，提高师生的技术技能水平；师生在“做”的过程中发现企业岗位操作、流程、产品的问题，并通过“研”解决这些问题。在这个过程中，“做”“学”“研”实现了完美结合，企业、职业院校、科研机构的利益实现了统一。

（三）体制机制层面：互惠互促中观有机协作系统的实现

产学研中的三个部分在社会化活动属性方面是不同的，其活动主体、动力机制、运行规律目的性都存在很大差异，因此产学研一体化内部存在矛盾冲突，如教育教学的人才培养公益性与产品生产的营利性存在目的性和过程性的差异。在中观层面协调生产、教学、研发的经济效益和社会效益目的性、过程性的矛盾，既是产学研一体化持续运行的保障，也是其构建初衷得以实现的必要环节。“对接产业、依托行业、密切企业”的思路为产学研一体化的构建及持续运行提供了方法与途径，同时很多职业院校也在实践中验证了其可行性和有效性。对于职业院校来说，可以把以下两个方面作为突破口。

1. 专业课程体系的构建

专业课程体系是从实践层面彻底改变传统职业教育重理论、轻实践的弊端。首先，基于行业企业岗位群的技术逻辑体系建立课程之间的内在联系，以职业能力为主线安排课程内容；其次，课程之间应体现层次性，以基本技能、核心技能、拓展技能为联系和基准划分专业基础课程、专业核心课程、拓展课程，既体现课程之间的逻辑性，又与产学研一体化相对应；最后，课程体系应体现素质与技能的融合，思想品德、职业道德、企业文化应融合于专业教学，避免素质教育的理论化、枯燥性，杜绝素质教育和技能技术教育两张皮。当然，从总体上，专业课程应以市场人才需求为导向，行业企业应全程参与课程标准、课程设置、教学计划、实训实习项目、学习质量评价及综合评价体系的制定，共同组织实施，共同构建实训实习体系，并承担学生课内外的指导任务。

2. 兼专职教师队伍的建设

近些年，各级教育行政管理部门、职业院校都把建设“双师型”教师队伍作为重点工作，但在人才建设过程中，许多职业院校已经突破“双师型”教师的局限性，以校内专职教师、行业企业专家为基础，建设成了专兼、校内外结合的集教学、实训实习、科研于一体的教师队伍，校内专职教师不但具有丰富的理论知识、教育教学经验，而且在长期企业实践中，熟悉了生产一线操作要求、发现现存的问题，在技术研发、新产品开发、流程改造方面提供了很多经验，做出了实际贡献。基于产学研一体化下的教师队伍包括从企业、行业聘请来的实际操作经验丰富的管理者、技术能手，职业院校的专职教师在与其长期合作的过程中培养了管理能力、一线操作能力，并获得了与市场需求紧密对接的技术革新、产品开发、科研成果转化的能力。未来的职业院校教师，与本科院校比较，不再是层次上的差距，而是从事领域与专长上的区别。

三、职业教育产学研一体化办学的实践模式

从近年来的理论研究和国内外高等教育的实践来看，产学研一体化一般都是以政府引导、企业牵头、技术开发或科研成果转化为导向的。但是，由于职业院校产学研一体化的主要领域、目的不同，其实践模式也有所差异，当前主要表现为学校自主型、校企共建型、中介平台型。

（一）学校自主型

迫于人才培养与市场需求脱节的压力，近年来，职业院校开始探讨产教融合、校企合作的深化、优化路径，其中一些依赖自身的物质与人才等资源优势，在当地政策的许可范围内，建立了生产性实训中心与校办企业，为教育教学与生产实践、技术转化紧密结合提供了条件。它的突出特点在于学校具有独立开展生产、教育教学、技术研发三个领域内业务的能力，学校可以根据市场对于专业人才的需求自主制订人才培养方案，通过校内生产性实训中心、自办企业以及自有研发中心等载体实现产学研一体化。但是，学校自主型产学研一体化自构建起始就存在弊端，实施过程中常出现很多需要克服的障碍。首先，以学校为主导的形式常常导致人才培养存在局限性。一方面，由于职业院校的资源有限，自办企业常常存在规模、现代化程度、经营范围等方面的限制，对人才的需求与行业、领先企业的实际需求并不相符；另一方面，企业自主经营能力、市场化程度的限制，严重弱化了企业作为职业教育办学主体的地位。其次，资源以学校自身为主要提供者减弱了来源的多样化。职业教育区别于普通教育的重要原因是其在社会、经济

领域的深入渗透，它的发展需要社会多个层次、领域大量优质资源的支持，且职业院校作为公益性组织，组建生产性实训中心、面向市场的研发机构等经济实体需要多方面的政策支持和一定时期内持续的大量资金投入，职业院校单薄的人力资源、有限的设备设施、场地等资源难以同时进行生产、教育教学、研发等功能的完善。因而，在实践中，学校自主型的产学研一体化模式数量不多、规模有限，主要是具有典型行业办学背景的职业院校，在开办之初就属于行业办学，与行业主管行政管理部门有着先天的联系，在发展中始终与行业行政主管部门、管辖内的企业及科研机构有着密切的联系，这样的案例难以进行复制，普及、示范作用有限。

（二）校企共建型

校企共建型是指职业院校和企业基于“共同投入、共享资源、共同管理、共享成果、共担风险”的原则和理念，将职业院校、企业、科研院所等多种社会组织力量和优质职业教育资源有效整合，以协议形式缔约建设相互开放、相互配合、相互促进、互补互助的利益实体。它最为突出的特点是将生产、教育教学、技术开发融为一体，形成面向需求进行人力资源规划与供给、面向生产和市场进行技术革新与产品开发、面向市场需求生产的有机统一体，它主要在两个方面体现出创新：一是机制创新，通常是校企共建二级学院、科研机构或校内企业。学校一般以专业（群）为依托，与行业中的领先企业合作共建二级学院、科研机构或校内企业。它既是学校的教学、科研部门，也是合作企业的组成部分，并且由企业高层管理者担任院长等主要领导职务，学校专业带头人、系主任等担任执行院长，充分发挥合作企业在二级学院、科研机构或校内企业的教学、科研、社会服务中的主导作用，有利于专业建设与企业协同发展，教学内容与岗位（群）需求对接，人才培养方向与企业需求对接，学生评价体系与岗位标准对接。二是资源共享，不断深化产学研一体化。依托二级学院、科研机构、校内企业等校企共同体制订专业（群）人才培养方案、共建教学（实训实习指导）团队、共建校内外实训实习基地、共同教育管理学生、共同指导学生制订职业生涯规划、共同开展就业指导、共享技术与产品研发成果，实现教学和生产融通、专业建设和社会服务并举、人才培养与企业发展同步、教师结构与个人能力共同完善。产学研一体化也为职业院校教师与企业技术人员协同开展应用技术研究与开发搭建了良好合作的研发平台，既有利于人才的培养，也有利于企业进行项目攻关、解决管理及生产技术难题。可见，参与主体的资源优化整合、利益共赢是产学研一体化动力机制的内核，也是其持续健康运行、实现良性循环的重要保障。

（三）中介平台型

中介平台型是指以职教集团、科技园等公共服务平台为组织基础，以提升高素质劳动者和技术技能人才系统培养质量和拓展社会服务能力为目的，以开放合作、共建共享、互促共赢为途径的多元合作办学与社会服务模式。它突出的特征是成立了协调职业院校、政府部门、行业企业、科研机构等主体间利益与合作关系的中介组织机构。中介平台型产学研一体化的办学优势体现在三个方面：一是主体资源的优化整合。它突破了低层次校企合作“点对点”的局限性，代之以“面对面”的集群对接，能够更广泛地集聚多个领域（界）职业教育、技术研发、科研成果转化资源，更有效地实现规模效应和系统内协同作用，从而形成稳定、良性循环发展的产学研一体化系统。二是平台的服务运行功能。它能够推动职业院校与一定区域内的行业企业共建、共享、共管产学研一体化，并维持良好的运行机制。三是技术技能积累功能。我国创新驱动发展战略的全面实施，对技能技术人才的综合素质提出了更高要求，构建现代职业教育体系、提高职业教育质量已成为时代主题。以职教集团、科技园等为组织依托，建设基于产学研一体化的研发中心和共享型教学团队，提高职业院校、企业、科研机构的内涵发展和对接社会需求的能力，加快推进以资产为纽带，集“产、学、研”等功能于一体的技术工艺、产品开发中心等载体建设，使之成为技术技能积累与创新的重要支柱，也为职业教育人才培养和社会服务提供了有效平台。中介平台为职业教育产学研一体化提供载体和渠道，同时，职业教育也为平台的持续发展提供人力、技术、资金等支持。

职业教育产学研一体化办学是促进职业教育人才培养模式改革、推动职业教育现代化、办学模式创新的重要形式和可行途径。作为人才培养的系统化工程，产学研一体化既需要从理论层面深入探究其内涵、特征以及办学模式，还需要从实践层面进一步探索其具体构建方式、运行机制，不断提升职业教育满足服务经济社会发展和技术技能型人才培养双重要求的能力和价值。

第二节　职业教育产学研一体化办学模式

一、职业教育产学研一体化办学模式创新概述

（一）职业教育产学研一体化办学模式创新的意义

随着现代科学技术的迅速发展及在经济、社会、生产、服务、生活中应用的普及，市场变化和产业升级等关键性因素对于企业生产经营甚至战略性发展方向的影响快速而意义深远，企业必须具备适应市场、行业快速变化的核心能力，企业还要在人才资源储备和技术创新活动中投入更多的关注，占用更多的生产要素，但是这样也使企业面对市场风险的可能性增加。对于职业教育来说，处于产业升级、技术更新加快的大环境中，也需要形成与企业、行业岗位（群）密切对接的机制，以缓解人才培养、办学模式与企业、社会发展需求的脱节。在所处环境发展变化迅速的情况下，经济组织和职业教育部门都需要提高承受强度和适应能力，职业教育与企业、科研机构（或企业与职业教育合办科研机构，下同）的合作——产学研一体化办学，成为这些主体生存发展的可行路径和战略选择。职业教育产学研一体化办学模式旨在教育与经济领域的生产、服务部门形成双向（甚至是多向）沟通机制，避免从单向的教育视角探索、思考教育办学模式的狭隘性、时代局限性；同时力求实现教育、企业、产业及科研机构优质资源的互补共享，

达到双赢或多赢的目的。一方面，职业教育具有专业人才优势，不但可以为经济、社会、科研提供新生力量，而且其教师队伍具有一定的科研能力，通过产学研一体化这一平台，直接推动产业、企业的技术升级、生产流程改进、新产品开发，提高科研成果与市场需求的对接紧密度，对于区域经济社会发展及技术研发的优质资源整合具有巨大推动作用。另一方面，对于职业院校来说，产学研一体化也为高素质技能技术人才培养、专兼职校内外师资队伍建设、实训实习基地、课程体系、教学改革以及办学经费筹措等拓宽、创新路径。职业教育产学研一体化办学，以契约、中介平台、政府引导等方式搭建职业院校、企业、科研机构、政府之间交流、合作的桥梁，提升职业教育人才培养质量和社会服务能力，加速就业导向、与社会需求更加紧密对接的职业教育改革，彰显职业教育的本质特征。

（二）职业教育产学研一体化办学模式创新的功能目标设定

教育与经济的关系具有引领与适应的双重属性，因此，职业教育产学研一体化办学模式创新在功能目标的设定上必须综合考虑教育、经济和社会等范畴的要求。首先，在职业教育范畴，既要考虑职业教育自身的改善，也要考虑到对经济社会的积极作用。具体来说，应涵盖人才培养与市场需求的对接，技术技能型人才的综合素质、社会服务能力、课程内容与岗位要求的对接，师资队伍育人能力与科研水平，教育资源利用率及产出绩效等子目标。其次，在经济范畴，即职业教育对经济的促进作用，主要以产业、行业、企业为载体展开，包括增强企业核心竞争力、增强技术研发和成果转化能力、资源得到优化且产出效率的提升等。此外，有的学者主张也应重视受教育者范畴，具体包括强化专业理论学习、实训实习与市场需求的对接，学生学习动机的激发，培养创新能力，提高毕业生的岗位适应能力，增加职业体验机会，促进个人职业生涯发展，有效积累社会资本等。

（三）职业教育产学研一体化办学模式创新的原则

职业教育产学研一体化办学实践模式受到宏观经济环境、社会经济发展阶段、科技创新体系完善程度以及职业教育的本质属性、影响因素和受教育者受需求诉求等因素的影响，在探讨与实践中需要遵循一些基本原则，概括为五点：一是区域性原则。职业教育是以服务于区域经济社会发展为宗旨的，职业教育产学研一体化办学模式应顺承外部动因和内在本质强化职业教育与区域性经济社会发展的对接，改善职业教育的功能发挥，提高职业教育在区域经济社会发展中的重要程度。二是全面化原则。构建职业教育产学研一体化办学模式需对课程体系做出针对性的安排，首先，应能满足培养学生综合素质的要求；其次，课程内容应与岗位要求对接；再次，课程体系应与区域产业（群）对接；最后，课程体系应具有内部逻辑性，遵循学生学习规律。三是多样化原则。由于区域经济发展的异质性，职业教育产学研一体化办学模式应表现出特色化、多样化。四是国际化原则。随着技术的发展，经济、人才竞争的全球化日益显著，教育竞争的全球化、人才培养的国际化成为必然，职业教育产学研一体化办学模式应具有国际化视野和开放性思维，以世界性竞争能力为标准培养学生，以全球视野吸纳职业教育新理念。五是发展性原则。职业教育的宗旨是服务经济社会发展，同时，也必须适应经济社会的发展。中国技术发展迅速，经济转型升级处于关键时期，职业教育应遵从新时代的要求，培养学生的终身教育和终身学习观念，以发展的理念对待职业教育改革和产学研一体化的逐步深入、拓展，适应多种规格和层次的受教育者的职业教育需求。

二、职业教育产学研一体化办学模式的主体组织结构创新

产学研一体化构建、顺利运行，要以主体之间的有机组合为前提。职业教育产学研一体化办学模式的主体组织结构即指“产”“学”“研”这三方主体之间的关系及组合形式，它常会影响产学研一体化的运行机制甚至运行效率。

（一）主体间关系的分析与设计

在产学研一体化系统中，职业院校和企业之间通常由科研作为纽带联系起来，利益相关程度和行动强度是分析它们之间组织关系及紧密程度的主要维度，这两者值的大小通常可以决定职业院校和企业之间的关系类型和关系水平。

职业院校、企业及科研机构的合作关系类型规定了产学研合作的程度，即产学研一体化主体之间的利益相关程度及其行动强度决定了关系类型和关系水平，通常也会影响其校企合作的效率。

随着利益相关程度、行动强度逐渐增加，校企合作关系紧密程度呈现出三种状态：松散型、合作型和一体化型。为了解决毕业生就业问题，我国很多职业院校已经实施松散型校企合作，随着生产、服务的复杂程度提高，我国对技术技能人才的要求不断提高，国民对自身知识、技能掌握程度的要求也在不断提高，职业教育只有通过深化校企合作、产教融合，才能满足人才培养模式的改革要求，校企才能逐步迈入合作型。也有一些职业院校基础好、创新能力强、高层管理者高瞻远瞩，开始与企业开展更深层次的合作，除了进行人才培养方面的合作外，还进行师资队伍建设、人才培养质量评价的全程合作，有些还进行企业技术攻关及产品开发的合作项目，甚至合作建立了科研机构，形成了稳固的“共同投资、共享资源、共担风险、共拥成果”的长期合作关系。职业院校和企业虽然本质属性不同，但在人才培养、技术开发、成果转化等方面取得了目标取向和行动取向的一致性。

（二）职业教育产学研一体化主体活动的内在关系

社会亟须人才培养的能力和社会服务能力是职业教育生存与发展的核心问题，在对职业教育的办学质量和发展潜力进行分析时，不能仅限于教育视域去分析，至少应立足于“产”“学”“研”三个角度。教育、科研和生产，是职业教育产学研一体化组织内部最基本的主体活动，换句话说，三者构成了职业教育产学研一体化办学模式的有机体系。“产”“学”“研”三者的有机联系主线是资源的优化整合与产出效率的提升。企业行业、职业院校、科研机构突破资源限制，企业专家、学校教师在技术、理论知识等

方面实现互补，科研项目与市场需求的对接更加精确。同时，通过产学研一体化主体间的紧密合作，知识的创新、传递更加流畅，职业院校拥有的固化知识通过“产”“研”环节提高了转化为技术和现实生产能力的效率。职业教育的技术技能人才培养功能与科技创新、成果转化，形成产学研一体化独有的主体活动关系。

三方主体在互惠互利的基础上形成良性循环的有机体，促进职业教育现代化由理论向实践转变，创新教育教学方式，弥补学校教育资源的不足，提高技术技能型人才培养与市场需求的对接。首先，教育教学是职业院校作为公益性社会组织的性质所规定，是基本任务。对于职业院校来说，其他活动都应围绕这项活动而进行，即使社会服务、科技创新这些表面上与教育教学没有直接联系的功能，实质上也是为了吸引社会资源、提高教育教学质量和能力。其次，科研在产学研一体化办学模式中起着双向导引的纽带作用。一方面，科学技术、技能、产品的开发为教学提供新知识、新技能、新视野，提高人才培养能力和毕业生的市场竞争能力；另一方面，科研为“产”“学”提供合作的实践样态平台，职业院校教师的加入使科研的人力资源增多，也把生产中对技术、新产品开发的需求引入科研，同时，又帮助企业消化、吸收新的科研成果，提高了科研成果的转化率。最后，生产是教学和科研的最终目的、效果检验和现实生产力转化场所，它为科研提供灵感和机会，为教育教学提供实践性教学活动和内容，同时，也为改进教育教学的研究增添力量。

职业教育产学研一体化办学模式的主体性活动均以人才培养质量与效率为核心目标取向，统筹科研和生产，并将其纳入教学平台，使之遵循教育性的主线。同时，生产为教育教学指明了人才培养方向，科研为教育教学提供创新的平台，以及知识、技术创新的力量。

（三）参与主体的功能定位

在职业教育产学研一体化办学模式中，参与主体包括职业院校、企业行业、科研机构及政府，企业行业、职业院校、科研机构是产学研一体化的构成主体，属于内部参与主体，政府是主要的外部参与主体，在该办学模式的主体关系结构系统之中，参与主体具有不同的角色和功能定位。首先，政府一般采用税负减免、财政支持、土地、保障体系等措施提供宏观的激励机制和引导效应，起到“催化剂”的作用。政府的宏观管理、激励与调控作用，体现在该办学模式宏观发展目标的规划、政策与法规的有效供给与保障、财政支持、信用体系的构建、权威性校企合作平台搭建等。其次，职业院校在该办学模式中处于核心位置，其角色定位是以知识、技能、专门资源优势为行业企业甚至是科研机构提供技术技能型人力资源，并在企业增强市场竞争力和产品生长周期中发挥师生及科研机构的联合研发、成果转化作用，拓展、优化社会服务职能。最后，企业在该办学模式中具有对人才培养与岗位要求对接的导向作用，并提供人才培养质量的检验场所及人才培养中的技术技能辅助提升功能。企业可以按照区域行业企业发展需求帮助学校改进人才培养方案，把岗位要求引入专业课教学内容，把岗位考核标准引入课程标准和评价体系，以此提高毕业生的岗位适应能力，为未来区域性行业企业人才需求做好储备。

（四）参与主体合作形式的创新

职业教育产学研一体化办学模式的主体合作形式创新在于变革传统校企合作主体之间松散的或主动或被动的关系，增强合作主体关系体系中各主体的互相协助、互惠互利关系，简化主体之间的被动约束，将机械化合作模式进化为有机性关系网络，使之具有功能优化和跨组织的团队化特征。信息沟通可以在网络内自由进行，在多个主体参与的情况下，同类型、不同类型主体可以同时进行横向和纵向的顺畅交流。

从宏观的角度来看，职业教育产学研一体化办学主体组织形式的框架是建立在政府引导、企业和社会力量广泛参与的基础上的，这些主体组成了有机网络系统，在这个系统中，根据主体的参与程度、功能与作用，可将其分为管理、实施、协作三类。管理主体主要是政府，除了宏观政策、法律法规、税收优惠、土地等宏观引导措施外，政府还经常直接作为行业企业、职业院校、科研机构之间联系的中介，促进产学研一体化持续、健康发展。实施主体主要包括职业院校、行业企业、科研机构，它们在政府的引导下，为了共同利益，优化整合内部资源，提高职业院校人才培养质量和与行业企业岗位对接程度的同时，直接促进技术开发、产品创新、科研成果转化。协作主体范围较广，一般包括所有参与职业教育、产学研一体化组织的决策、监督、评估及其他辅助作用的组织和个人。在产学研一体化主体之间关系的应然模型中，参与主体组织结构的创新存在于管理主体中的政府部门与行业主管部门、实施主体中的职业院校与企业的主体行为方向的一致性，管理主体的中介引导性，以及实施主体和协作主体的多元一体化。

（五）职业教育产学研一体化办学创新模式内容架构

深入分析和透彻把握模式的内涵，是建构与持续运行职业教育产学研一体化办学模式的逻辑前提。基于对其主体组织结构、功能等方面的分析，可以把其内涵涉及的人才培养各个环节和各种要素概括为：人才培养目标与培养计划的修订，一体化要素（专业或专业群设置、课程体系、教学内容、校内外实训实习基地、专兼校内外师资队伍、德育体系、社会服务），教学运行、管理调控、人才评价、科技研发等。

三、职业教育产学研一体化办学模式的运行机制创新

实现职业教育产学研一体化办学模式的不断创新与实施效果优化，关键在于其运行机制、主体利益产生机制上的创新，这包括参与主体之间的互动关系、产学研教育教学活动的运行机制及一体化要素的优化机制。其中，动力协调机制的优化及教学机制、管理机制、保障机制的合理化与有效性是创新的重点和难点。

（一）动力协调机制

产学研三方分属不同属性的社会化活动，活动主体所属领域、运行规律和合作需求与动力产生机制各不相同，所以产学研一体化内部必然存在矛盾冲突，如教学与生产之

矛盾在于人才培养的公益性、非物质性转化与产品生产的营利性、物质性转化之间的差异，这也决定了两者存在目的性和过程性的差异。所以，产学研一体化办学模式在运行中必须把矛盾转化为统一，并建立利益分配机制，发现、激发内在动力和主体利益驱动源，同时创新动力协调机制。

职业教育产学研一体化办学应遵循互利互惠、资源优化整合的原则，完善主体利益机制，根据资源投入、产出贡献比率等合理分配收益、整合并合理配置资源，明确主体获得的直接利益和补偿利益，确保产学研一体化办学的质量和发展持续性。例如，教学是一项复杂而关键的内容，对于职业教育实施部门具有显性的直接利益，但同时对于各方主体还具有隐性利益，在按资源、人力等方面的投入给各方分配利益时，难免产生不公平的情况，因此，利益协调、主体间沟通机制是动力协调机制的重要补充。

（二）教学创新机制

教学是指为了达到人才培养目标所采用的方法、渠道的总称。对于职业教育来说，人才培养质量的核心是教学，职业教育产学研一体化办学的教学机制是实施策略中的重点与难点，教学直接影响到人才培养目标的实现，在产学研一体化基础上，教学创新具有更大的空间。从内容上来说，教学创新主要包括人才培养计划的先进性、理论教学和实践教学的比例、实训实习的内容、师资力量、教学方法等。

首先，人才培养计划的主要内容包括招生对象、学制、教学内容、课程体系等。基于产学研一体化办学模式的课程体系建设应重视企业行业对教育教学的参与，实现企业的经济属性与教育的公益属性的统一，提高职业教育课程内容与岗位要求的对接，把人才培养与企业行业需求对接，科学合理地设计理论和实践教学体系，培养关键职业能力。产学研一体化模式更有利于课程体系结构的合理化。在传统人才培养模式下，职业教育沿用普通模式，以理论教学为主，在产学研一体化模式下，行业、企业、科研机构的参与，丰富了实践教学资源、更新了职业教育者的理念，理论教学与实践教学形成相互融合、相辅相成的系统，“研”是“做”的升华和拓展，“做”是“学”的过程，也是“研”的过程。在实践教学环节，学生不但提高了技术技能，而且在“做”的过程中领悟到岗位工作原理、发现潜在的问题，不但是“学”的过程，而且是创新意识、创新能力培养的过程。其次，在产学研一体化模式下，理论知识的学习是基础性的，是为掌握技术技能服务的，所以应灵活、适度地设计理论教学，把构建实践教学体系作为重点，围绕着实践教学安排理论教学。尤其重视实践教学体系中的微观操作，或称为岗位的具体操作环节，遵循学生的技能掌握规律和岗位工作原理，根据多维度技能的难度，由浅入深、循序渐进地设计实践教学内容，采用科学、合理的实训实习方法和手段，以校企研合作为基础，设计实训实习项目、制定评价体系。最后，优势互补的专兼“双师型”师资队伍建设，是凸显职业院校办学特色和技术技能人才培养优势的重要保证，是校企研合作的重要纽带。产学研一体化的组织机构虽然多样而复杂，但是，主要还是依靠职业院校教师、企业专家、科研机构研究者直接完成既定任务、开展各项工作。产学研一体的“双师型”师资队伍建设是在校企研合作的基础上建立起来的，仍然要靠校企研合作平台的交流、合作机制深入发展，在产学研系统运行中，将校内专业教师的专业技术研究与横向技术科研项目的开展相结合，提高专业技能技术水平、加深与企业的合作，同时，推动企业高级管理人员、技术技能专家深入教育教学及人才培养质量提升项目的研究，双向促进专兼结合、校内校外结合的“双师型”教师队伍不断壮大、完善，实现其良性循环。

（三）管理机制

职业教育产学研一体化的持续、稳定发展，需要职业院校从管理理念、管理体制等方面深入探索创新渠道。产学研一体化要求企业、科研机构在学校管理中有一定的话语权，允许它们参与人才培养中某些事项的决策。在具体实施中，可以借鉴市场经济下的现代企业管理观念。首先，把“以人为本”的管理观念作为管理机制的基础与原则，即尊重人的主体价值，重视人的社会性和个性需求，避免职业教育的工具性和功利性对人本性的掩盖倾向。对于教师，应采用人性化管理，重视他们的意见、尊重他们在产学研一体化中的贡献；对于学生，应重视他们的个性发展，在教育教学中，尊重他们的成长规律，采用灵活的教育教学方式，推行“做中学、学中做”的教学方式，以企业、科研院所的智力资源、生产环境促进实景化、工学结合教学。其次，树立品牌导向的管理理念，这是实现产学研一体化办学模式管理机制创新的关键。大多数职业院校都树立了专业品牌建设意识，从专业、区域的角度，突出特色化建设，但是缺乏进一步拓展的大视野，忽视学校品牌以及职教品牌的建设，影响专业（群）在深度、广度上的进一步发展。

产学研一体化的顺利运行，需要以健全管理体制为基础，这就要求职业院校在组织机构创新、规章制度建设方面更新观念。产学研一体化办学模式与传统的职业院校在管理上有很大区别，它具有更强的社会开放性和复杂性，需要以开阔的视野、宽广的胸襟吸纳办学参与主体的意见。这就要求产学研一体化管理体制的建制以及组织机构的建设既要具有稳定性，也要具有适度的灵活性和匹配性。在职业教育产学研一体化办学模式运行初期，管理组织机构的建设与运行应以严格、规范、科学的规章制度为先导，在参与主体信任体系、合作机制没有充分磨合的情况下，以严密的规章制度、契约等协调职业院校和其他参与主体的合作。产学研一体化规章制度以文本形式对管理体制、参与主体进行规范性、制度化约束，对学生、教师和企业及科研机构参与人员的行为规范形成系列性的约束。同时，在产学研一体化的运行中，管理组织机构应注意特殊情况下的突发事件处理及在目的性指导下的规章制度的灵活变通。

四、健全职业教育产学研一体化办学保障体系

职业教育产学研一体化办学模式的创新，在宏观层面上需要政府政策、法规层面稳态运行的保障机制，在中观层面的观念意识创新机制，在具体执行层面的经费保障和参与主体协调机制。

（一）在观念意识层面，应树立产学研一体化背景下的职业教育理念创新与教育教学方法、手段的创新意识

首先，应以跨界的思维树立职业教育的系统观，双重突破传统的教育价值和商业价值观念，改革传统的职业教育办学制度。以更宽广的视野充分协调产业系统与职业教育系统之间的矛盾，满足双向需求，既要重视职业教育的教育性价值，也要满足企业的商业化价值，以开放性思维路径创新职业教育产学研一体化的构建和运行。其次，摒弃传统的灌输化、机械性教学模式，尊重职业教育特有的技术技能型人力资本形成规律，既重视职业教育的实用性、技能性和就业导向，也重视学生创新能力、个性的培养，打造新时代下的特色化职业教育。最后，站在企业视角构建、维护产学研一体化契合点，发挥参与主体的人才多样化、优质资源整合优势，推动企业主导、市场导向的产学研一体化科技创新体系，不断优化职业教育教学手段、方法、渠道，与企业行业建立紧密联系，适时更新教学内容，不断提高毕业生的市场适应能力，在关注企业的市场和效益需求的同时，兼顾职业教育的育人价值追求，有效推动双方利益需求、目标的融合与协调。

（二）在政策法规环境层面，产学研一体化需要有健全、适宜的法律法规体系和制度性框架，突破传统职业教育管理思维，转变政府职能

首先，完备、规范、科学的政策和法规体系是产学研一体化顺利运行的基本保障。如此，一方面保证参与主体的利益；另一方面也保证参与主体参与职业教育的责任。中国的职业教育、科研机构及企业的资源界限分明，促进其优化整合、挖掘和激励应用价值势在必行，但需要在借鉴国外经验的基础上，以政策为引导、法律法规为保障，在不断探索实施路径的过程中逐渐削减实践性障碍，推进职业教育产学研一体化办学模式、符合市场需求的科技创新体系的协同发展。其次，梳理制度框架，在产学研一体化的组织架构方面实现创新。提高制度层面的明晰度对于职业教育产学研一体化的创新和顺利实施至关重要。在办学模式创新中，应从实践性的角度，以保障其持续健康运行为出发点，把参与主体的组织结构、关系架构的保障和调节上升到国家制定和法律的层面予以规定，将传统的松散性或临时性的合作结构逐步完善至稳步发展、持续健康运行的有机协调系统，促进办学主体与参与者的合作关系结构趋于紧密。最后，转变各级政府职能，根据实际需要创新产学研一体化办学管理体制。理论研究和发达国家的实践都可以证明，产学研一体化的顺利实施与政府的支持和协调密不可分，在一些国家或一些案例中，政府甚至处于引导地位。进入20世纪后，科技在经济社会发展中的重要性日益明显，社会经济发展对于技术技能人才的质量要求日益提高、数量要求不断增加，政府应适应经济社会转型及全球性竞争要求，转变职能、完善宏观调控能力，创新职业教育产学研一体化的管理体制。政府应用经济手段、政策制定和监督执行等职能，采用科学、合理的激励手段引导甚至亲自策划产学研一体化运行的管理体制。其中经济手段包括税收、信贷优惠，资源价格、土地等宏观调控力，同时不断完善信用体系，发挥对产学研一体化参与主体的宏观监督作用，以提供高效、健康、持续运行的产学研一体化平台。职业教

育产学研一体化办学的管理体制创新主要表现在灵活释放办学环境和自主权的市场化，并在职业院校的市场化、自主性转变中加强法律法规、政策层面的宏观指引，适度、有步骤地拓展中国职业教育发展的空间，不断推进职业教育的社会化与参与主体的多元化，为产学研一体化办学创造有利的外部条件，不断完善宏观保障体系。

（三）完善经费来源的保障和宏观调控机制

经费来源保障机制是产学研一体化持续健康运行的关键点。近年来，各级政府以示范校、品牌专业等形式加大了对大多数公办职业院校的经费投入力度，但从落实效果来看并不令人满意：一方面，低效率重复建设、低辐射性明显；另一方面，资金运行效率低下。因此，职业教育产学研一体化建设应与其他项目综合考虑，避免学校内及产学研一体化系统内的资金低效率应用甚至浪费。应从经费投入与收益的相关性关系出发，衡量资金投放收益度指标，合理、科学地制定相关经费投入的数量和形式，促进职业教育系统及产学研一体化系统的良性发展。同时，应从职业教育的社会性出发，拓宽教育经费来源，完善多元投入机制。政府应从财政收入与投入的分配体制着手，建立与完善各级政府之间的财政投入关系，创新更加科学合理的投入机制，从政府、企业、社会、学校四个方面完善教育经费筹措机制，以提高职业教育的吸引力和人才培养质量为基础，促进多渠道的教育经费来源。

职业教育产学研一体化顺应职业教育和经济社会发展规律，是职业教育强化技能技术人才教育质量和社会服务能力的必然趋势。产学研一体化模式彻底改变了传统职业教育的单一主体局限性，优化整合企业、职业院校、科研机构的资源，促进职业教育的开放、融合，并由传统的理论知识本位模式转变为职业能力及综合素质本位模式。对于当前以公办为主要办学主体组织形式的中国职业教育而言，产学研一体化办学模式存在很强的创新性、开拓性，但目前仍存在零散性、局部性和松散性等诸多需改进之处，其主体组织建构、运行机制、保障机制以及评价机制等还有待进一步完善。

第三节　基于产学研一体化的职业教育创新

一、新时代下基于主体下沉的产学研一体化研究与实践

一方面，职业教育的人才培养应以满足就业和产业发展需求为导向，从本质上提高职业教育的地位，就业以一线操作技能培训为主，而适应产业发展需求则应以培养高素质现代化技术技能人才为主；另一方面，从办学形式上看，当前中国职业教育以国家或地方财政支持、职业院校为主体，从未来发展来看，社会各界及企业将发挥更大的作用。同时，中国的职业教育将突破传统的培养一线操作人员的观念，提高人才培养层次，为中国特色社会主义新时代提供高素质、精技能人才。当前，人工智能、物联网、大数据等新技术的普及应用，改变了传统工业生产、服务业经营管理模式，简单机械操作岗位

正在被机器人占领，职业教育面临着重大变革，切实实现“服务建设现代化经济体系”“更高质量更充分就业需要”的功能，是增强职业院校内涵和核心竞争力的基础。

（一）“基于主体下沉的产学研一体化”基本含义

1. 主体下沉

传统的校企合作是以学校的名义同企业合作，但是在实施过程中，往往是系部或二级学院负责执行具体事务，造成合作主体不明确、责任利益不对等的问题。例如，系部教师协助企业完成学生顶岗实习方案的修订，其直接利益主体应是教师，但绩效考核时，其实是学校学生就业管理部门的成果，教师的积极性难免会受到打击。因此，在传统校企合作模式下，教师的积极性一般不高。因此，本项目中的校企合作以执行方、责任方系部为主体。

2. 产学研一体化

传统的校企合作之所以企业积极性不高，是因为企业获得利益少（主要是可以得到毕业生），而且不确定性大（毕业生有选择就业单位的权利）。产学研一体化是企业、职业院校、科研机构以资源重新整合后共享、收益共享、风险共担为基础，共同培养人才，共同进行技术开发、流程优化等。三方主体是在目标一致的基础上实现合作，积极性高，效果更加显著。但是由于当地政策、职业院校基础等方面的限制，三方合作具体方式有差异，效果也不完全相同。

在不同的地区，产学研一体化的具体形式可能有所不同，有些地方政府允许校办经济实体、营利性科研机构的存在，有足够资金、技术人员的职业院校可以自办生产、服务性企业或科研机构。但是，对于大多数职业院校来说，还是以与校外企业、科研机构合作为主，这种主体之间的合作较复杂，风险分担、人员分工、利益分享等较难处理。

首先，企业参与人才培养方案、课程体系、评价体系、实训实习体系的建设，以岗位标准、国际标准衡量学生的能力，保证大部分毕业生成为高素质技术技能人才。

其次，企业专家与校内专职教师互补互助，形成理论与实践结合、专兼职结合的双导师教师队伍，“双师型”教师数量、整体水平得到提升。

再次，校企合作完善实训实习内容，以仿真模拟岗位操作让有一定理论基础的学生初步掌握技能，以企业岗位体验的形式让学生了解业务流程、理解工作原理，以工学交替让学生熟练掌握技能，以顶岗实习让学生具备独立操作能力。

最后，企业的深度参与也把企业文化引入校园，与校园文化互相融通，让学生了解企业经营理念，理解职业道德的重要性。

另外，在产学研一体化的基础上，学校教师得到深入企业生产一线、了解行业发展最新趋势的机会，有利于他们有针对性地开展研究工作、申报应用型课题、提高科研成果的转化率。

企业与学校的深度合作，促成大量研究项目，例如人才培养实施方案、课程标准的修订、企业技术难题的解决、新技术的研发与应用等，使科研成为校企合作的一个重要桥梁，也成为共同创造效益的重要渠道。

（二）产学研一体化的构建

1.项目的启动基础

（1）校企合作持续发展

在长期校企合作过程中，学校和企业相互之间建立了良好的合作关系，校企合作开发项目取得许多良好的社会效益和经济效益，例如酒店行业的特色菜开发、国家示范建设专业的人才培养模式探索等。当时，“教师—研究人员—师傅”“学生—项目团队成员—徒弟”的师生复合型角色已经形成，提高学生的综合素质与就业能力、教学团队的科研能力、企业的研发与产业应用推广能力体系基本形成。按照校企合作深入的发展趋势，需要建立常设机构，进一步梳理风险责任利益共享机制，校企合作新模式的构建成为大势所趋。

（2）实践经验积累丰富

在多年的校企合作过程中，学校探索出了许多成功经验：按照企业人才需求举办的各类订单班，由企业提出人才需求计划，校企共同研究新生入学条件、人才培养过程、实训实习项目开发、学习过程及毕业评价等，形成了按企业所需培养技能、基层管理人才的成熟模式；成立了多个校企共同投资、共担风险、共享成果的科研机构，具有人才培养改革、技术研发、咨询服务、技术指导等社会服务能力；在政策许可的前提下，校企共同投入资金、设备设施、技术人员、管理人员，共同承担风险、分享权益，成立了已经稳定运行多年的生产性企业，为在校生提供了实训、岗位体验、跟岗实习、毕业实习等条件，参与科研成果转化，为学校教师提供实践、实验条件，取得了良好的经济、社会效益。

（3）校企合作逐步深入需要更适宜的组织形式

学校与企业已经实践学校主动推荐毕业生、合作进行毕业生质量提升与人才需求调研、共同制订人才培养方案、共同开发实训教材、共同组建专业建设委员会和教学指导委员会、共同建设实训基地和订单班、共同组建科研机构等合作形式。在未来的发展中，从人才培养、技术开发、科研成果转化等方面提出进一步加深合作的设想，亟须形成新的合作模式。一些系部产学研一体化格局已经形成，急需学校、企业签订新的合作协议。各方面的发展趋势都在推动产学研一体化模式的建立和运行，例如，学校老师与企业专家日常合作机制已经形成，企业在教材编写、教学评价、培养质量评价等方面已经深度参与，需形成一系列常态合作模式，老师和企业专家之间的科研合作也需要学校政策的支持、保障，这些都推动了产学研一体化的正式构建。

2.产学研一体化构建中需要解决的关键问题

（1）参与方责权利的梳理

首先，按照原有学校管理制度、职称评审政策要求，教师必须完成规定的教学、科研、实训基地建设、学生管理等任务，参与产学研一体化后，要负担更多的社会服务、科研、深入企业一线实践、参与项目运行等任务。教师负担过重，必须改革原有的教师绩效评价办法，把科研、教学、学生管理、教材开发、实训项目开发、社会服务等任务按照难度等级划分类别，教师只要完成其中的一部分，达到总的绩效考核要求即可，这样也可以发挥教师的特长，按照自己的情况承担擅长的工作。

其次，企业营利与人才培养公益性冲突的问题，企业以赚取利润的形式积累发展资金、给职工发放报酬、维持企业各部门的运行，参与人才培养短期内得不到与付出相应的回报。人才培养方案制订、实训项目的开发等要求企业专家既有一定的专业理论水平，也要有丰富的实践经验，不但要对人才培养规律有一定的掌握，还要了解专业课程体系，花费的时间、精力与实际所得要能成正比，否则开发出的成果实际应用效果难以保证。产学研一体化的运行可以从三个方面保证企业获得相应的利益：一是参与人才培养方面的项目有经济利益回报，通过稿费、专家费等形式给予企业或员工报酬；二是给予学校优秀毕业生选择权，允许企业在校内进行校园文化、企业员工发展前景等方面的讲座，让学生了解企业、掌握更多企业经营管理知识，为企业吸引更多有就业意向的毕业生；三是共同开展社会服务，共同申报各级政府的招标项目，项目资金按贡献大小分摊，共同进行技术开发，活动收益按贡献大小分摊。虽然这些措施在运行初期对企业的利益补偿不明显，但是随着项目、优秀毕业生质量、数量的提升，企业获得的利益会越来越多。

最后，参与主体的责任。产学研一体化运行初期，是依照具体项目分别签订合同，划分责任，各方按照预期获利、以自愿为原则承担责任。虽然过程比较复杂，但避免了后期可能出现的纠纷。进入平稳期后，企业、学校及参与的企业专家、教师都获得了比预期高的收益，各方主体参与项目的意愿增强，这时，信用约束将起到更大的作用，一旦有失职的事件发生，就有可能失去参与项目的权利。

（2）突破原有体制机制

公办职业院校的体制机制与产学研一体化的运行是有冲突的。公办职业院校属于非营利性质，但企业必须盈利才能生存，教师必须有经济回报才能积极参与。解决这一冲突只能从利益划分、绩效考核的办法入手。产学研一体化组织的经济性收益，大多是企业所得，学校主要在科技创新、项目研发、人才培养质量和社会声誉提升方面获益。教师则可以用参与项目、科研代替其他任务，例如利用带学生实习、实训的机会熟悉企业，用科研成果代替教学任务量等。但是，在实际运行中，这些措施并不能完全解决问题，如学校能否参股企业、教师能否在企业兼职获得报酬等问题仍未得到较好设计。

（3）科研机构的性质和重点任务

科研机构在产学研一体化的构建中起到重要作用，它是企业、职业院校联系的纽带，是双方合作的重要区域，也是双方利益的主要来源。因此，科研机构应是企业、职业院校共同投资、共同受益的，同时，也是较容易设立的常设性机构，企业、职业院校投入的资金、设备设施划分、用途都十分明确。但是，在运行中开展的项目需要细细梳理，例如人才培养方案、实训项目开发等主要是学校获益，企业可能参与度不高，这类项目应以学校投入资金为主。企业的技术攻关、流程再造等项目风险性较高，但是，可能获得的收益也很大，一旦取得成功，企业的利润、市场竞争力、吸引社会资金的能力等都会得到改善，而且可能产生专利、发明等，这类项目的资源投入、风险承担应以预期获得利益大小为依据进行划分，双方根据具体情况签订合同。科研机构的顺利运行是产学研一体化持续运行、健康发展的重要保障，因此，职业院校应予以重点关注。

科研机构在运行过程中负责的项目是多方面的，既有人才培养、职业培养类型的，也可能有为地方经济发展出谋划策类型的。科研机构在成立初期，应根据校企双方的人力资源、设备设施、技术力量等方面的具体情况适当选择项目，以免过度占用资源，影响生产、教学的正常进行。

3. 产学研一体化的探索历程

（1）校企紧密合作期

在长期的校企合作过程中，由于人才培养、科研、技术开发等方面的合作越来越多，出于业务联系的需要，企业和学校共同出资设立了研究所、有实际生产能力的经济实体（以技术咨询、成果转化等业务为主的营利性组织），双方签订的合作协议对共同投入、风险共担、收益共享的意识增强。教师的工作量认定、企业兼职报酬等成为亟须解决的问题。

（2）产学研一体化形成期

在人才培养模式、教学方法改革过程中，企业参与范围不断拓展，双方联系不断深入。岗位体验、跟岗实习离不开企业的支持，企业专家参与实训实习教材编写、项目开发取得很好的效果。同时，企业员工培训、拓展业务、技术研究中学校的参与也越来越多。学校和企业之间的利益相关度越来越高，虽然学校参股企业的政策没有放开，但是，双方共同投入资源以及共同经营的研究所、咨询公司等取得良好的社会效益和经济效益。教师、企业员工参与产学研一体化项目的积极性不断提高。

（3）产学研一体化格局形成

随着各级政府、教育行政管理部门对职业院校校企合作、人才培养模式改革重视的加强，校企合作、产教融合受到社会的关注，毕业生能否尽快适应岗位要求成为企业招聘员工时关注的重要方面。在这样的大环境下，学校参股成立咨询公司、研究所等成为深化校企合作的重要渠道，学校与企业开始探索校企合作中的资源优化整合问题。首先，优化整合人力资源。企业专家参加专家建设委员会、教学指导委员会等组织，帮助进行实训实习项目设计、课程标准修订、学生实训实习评价体系修订等，使教学内容与岗位要求的对接度增加，教师在企业的兼职问题以工作量认定的形式得到缓解。其次，优化物质资源。学校设备设施、实训实习条件在企业专家的指导下得以改善，一部分企业员工的理论培训、职业技能鉴定可以交给学校完成，学生岗位体验、企业文化感知、跟岗实习、毕业实习可以在合作企业完成，而且由企业和学校共同制订方案、考核办法、日常管理，节约了学校这方面的支出，同时学生对合作企业的了解加深，为以后优秀毕业生进入企业打下基础。

（三）基于产学研一体化的人才培养模式改革

1. 基于产学研一体化的教学理念创新

在教育教学中发现，虽然职业院校的学生理论基础普遍较差，但也有一些学生脑子灵活、发现问题的能力较强，这部分学生被允许跟随老师参与课题研究、企业项目研发、实体经营等，其中一部分学生提高了创新能力，甚至毕业后成功创业。

为了提高教学内容与岗位要求的对接程度，在企业专家的帮助下，学校把企业岗位操作要求、技术要领引入教学，并以合作企业为研究对象开展岗位体验，实地进行企业调研。例如，在“物流信息技术与应用”课程教学中，引入第三方物流企业的管理系统、物流企业公共信息平台，给学生真实的操作环境，并且安排学生到企业参观，在生产现场听企业专家讲解信息系统原理、操作等，加深学生对抽象理论的理解，提高动手操作能力。

2. 基于产学研一体化的课程设计改革

企业积极参与职业教育人才培养全过程，不但从宏观上促进了教学理念的变化，而且从细节上推动了课程设计的变革。

（1）针对技能人才培养的教学内容与教学方法改革

首先，企业的积极参与使职业院校对人才需求的理解更加透彻，对行业发展、岗位要求的变动反应更加灵敏。在此基础上建立和完善教学内容遴选机制，及时吸纳新知识、新技术和新标准，保持“与时俱进”。在备课环节把陈旧知识列为了解类，把行业当前及未来发展需要的技能、知识列为拓展、重点类。

其次，以企业专家和教学实践经验丰富的专业教师为基础，以科研机构为依托，探索岗位能力要求、素质要求，按照职业岗位和职业能力培养的要求，整合教学内容，形成模块式课程结构，实现职业能力培养模块化。课程内容充分体现职业标准的要求。

最后，通过企业专家、专业教师的深入探索，总结企业岗位（群）素质要求，将专业素养培养贯穿于课内外理论教学、实训实习项目中，通过案例研讨、沙盘实训、方案设计、视频观看与研讨、企业参观与见习、工作站（校内外教师工作站）实践、专题调研、知识与技能竞赛等教学模式提高学生的专业素养与综合能力。

（2）课程考核方式改革

根据技能人才培养规律，依托企业专家和校内教师研究岗位（群）考核、评价体系，并以课题研究为依托，改革校内学生课程考核、评价体系。在评价体系中采用过程性评价与终结性评价相结合，理论测试与动手能力检验相结合，论文、调研报告与方案设计相结合，第一课堂与第二课堂相结合，教师评价与学生自评互评相结合的评价方式。专业基础课考核成绩分成三部分：卷面成绩 40%、平时成绩 20%、课内外实践成绩 40%。专业课提高了对动手能力的要求，而且在考核形式上更加灵活，允许学生以物流业务设计的形式代替一部分卷面成绩。其中，平时成绩不只是看学生的活动参与情况，而且看学生发现问题、解决问题的情况，以此锻炼学生的创新、独立解决问题的能力。

（3）人才培养目标改革

一是知识目标与要求变革。与传统目标要求相比，更加重视对行业发展趋势、相关知识应用现状及发展的掌握，除了要求学生熟悉行业基本概念、基本原理和基本方法，还要求学生通过行业发展趋势、最新行业、技术发展趋势、就业方向及其应具备的能力、职业发展前景有清晰的了解。

二是技能目标与要求变革。技能要领、操作要求由企业专家根据企业岗位实际情况制定，由企业专家和学校老师合作，与岗位要求对接，根据企业实际业务分为实例分析、模拟实训，模拟企业实际生产、管理现场，给学生创造实景式教学环境。学生面对实际工作中的问题、按照岗位要求，全面培养人际沟通、团队协作、双语表达、自我学习与自我发展的能力，在实训实习中养成行业应具备的职业态度、职业素质、职业通用能力与创新能力。学生从填鸭式教学中解脱出来，在问题解决中逐步养成利用理论知识分析和解决问题的能力。

（4）课程学习的情感态度目标与要求改革

学校引入企业文化，把职业道德融入日常实训实习、理论教学中，促进学生养成正确的学习目的和学习态度。培养学生自我提升、精益求精、不断钻研、敢于创新、不断进取的任务导向；引导学生养成热爱本职工作、劳动光荣的观念；通过参加社会实践与科研活动，让学生了解行业国内外发展的动态和新技术；帮助学生树立系统性观念，学会根据具体情况全面、系统地研究和解决有关理论和实际问题。

（5）课程体系改革

传统的职业教育特别是高职教育的课程体系存在着先天的不足，课程之间的联系大多是沿用本科院校的做法，以学科之间的联系为基础建立课程之间的联系。职业院校主要培养岗位技术技能人才，学生在学习过程中应按照实际操作、业务流程来掌握相关知识，因此课程之间的联系应基于岗位或操作流程之间的联系。在企业专家的帮助下，学校按专业或专业群重新整合课程内容，推行项目化教学。课程重新组合存在一定困难，工作量大，要求深刻、细致地了解企业岗位，但研究成果对当前职业教育改革意义重大。

（四）基于产学研一体化的人才培养模式实施过程

产学研一体化的人才培养模式基于深化工学结合，“工”（在公司、研究所工作）与“学”（在系、二级学院学习）密切结合，遵循技能人才培养规律践行知行合一。该模式让学生在学习校内专业知识理论课的同时，也能获得企业的专业培训和实践经验。

1. 人才培养模式的构建

第一步，成立载体。先以系（或二级学院）、企业（条件具备时也可以是校办生产性实体或引企入校）为主体成立研究机构，由于具体情况不同，三方的关系可能有所差异。例如，企业为引企入校形式时，企业、学校（通常具体到系或二级学院）对科研机构、校内企业同时具有所有权，三方的关系可以简化到校企两方。第二步，维持运营。科研机构的持续运营，需要争取到若干个科研课题、企业横向项目、职业教育重点项目，有一定的发展前景才能吸收老师、学生来共同参与。这就需要在成立校内企业、科研机构时，选择有能力、有潜力的企业、教师参与。第三步，优化发展。在项目运行过程中，首先要解决参与项目的企业专家、教师的报酬以及绩效考核等问题，科研项目能否取得预期效果、校内企业运行情况存在很多不确定性因素，参与项目的人员比较复杂，一般可以按工作量来衡量参与人员的绩效，但实际操作时仍然需要克服很多困难。

2. 基于产学研一体化的教学过程

虽然产学研一体化人才培养模式有很多具体的实施形式，但一般是根据岗位业务把课程转化为若干个项目，将每一个项目细分为若干个任务，每个任务都会包含一个关键技能点。在顶岗实习环节，教师（企业导师）会根据每一个学生的基础、学习能力以及岗位能容纳的学生数量制订学习培训计划，学生根据自己的学习计划和企业为其安排的岗位逐个实施项目分解的任务。在学习过程中，教师（企业导师）会对顶岗的学生进行学习指导、过程考核，根据学习计划定期考核每个任务中技能掌握的情况，并及时对顶岗的学生做出反馈和评价，同时通过文字、图片、语音、视频等相关媒体记录整个考核过程。最后会审核顶岗的学生整个学习过程并进行最终的考核和评估，考核合格会颁发企业的认证。

在长期校企合作的基础上，形成了产学研一体化的校企深度融合模式：企业专家参与实训实习教学、学习评价、实训项目的开发等；教师参与企业技术开发、员工培训；企业专家和学校教师一起承担政府、企业的技术开发项目。以企业生产环境为学生提供真实的岗位体验，以社会服务、产品开发带动教师的科研能力提升。在产学研一体化的基础上，企业从学校得到了技术支持、学校从企业得到实训实习场所、实训项目、技术和管理人员支持。学校和企业在技能人才培养、技术开发、科研成果转化中的合作，使双方资源得到升值。该模式的设计和实践，整合了企业和学校的硬件和软件环境，综合形成了充实的实训场所，获得了一系列的产业、科研、职业教育重点项目，学生培训、实习、顶岗的都是真实的环境、真实的项目。

二、“教学做合一”观下的混合教学模式研究

当前的职业教育，不能再灌输教材、简单模仿，而是要引导学生会动手、能思考，会独立解决问题、能创造。岗位对职业院校毕业生提出了新要求，学生的职业观、人生观受经济、社会等大环境的影响也不同于过去。在这样的背景下，教师必须解放自己的思维，调整教的内容、灵活运用教育教学方法、手段。“教学做合一”思想，倡导“做”中“教”，“做”中“学”，认为教师的“教”要依据学生的“学”，一些学者据此总结出了职业教育的“以做定学、以学定教”的原则，为我国职业教育人才培养模式改革提供了具体可操作的工具。

（一）以“做”为中心的“教学做合一”思想

“教育”一词，从诞生之日起，就与“做”“教”“学”三字分不开。三千多年前，

我国甲骨文的“教”“育”两字，意为“上施”“下效”“以事教人、以教育人”，做中施教、做中育人。

自古以来，各种教育思想不断涌现，但是，大部分研究者的主张中都包含“教学做合一”的思想。

建构主义理论认为，学习是学习者在与真实情境的交互作用中进行的，在这个过程中，他们对已有知识进行重新认识，并建构新知识。可以看出，这种理论主张在做的过程中，重新认识原有知识，并逐渐形成新的知识。

我国著名教育家叶圣陶提出的“直观论”认为，学生学习时应“跟事物直接接触”，也是一种“做中学”的观点。著名教育家、思想家陶行知提出了“教学做合一”思想，核心内容包括三部分：一是怎样做便怎样学，即学生学习时，要遵循事物本身的发展规律；二是怎样学便怎么样教，即教师教学生时，要根据学生的情况、遵循学生的学习规律；三是在做上教，在做上学，即教师和学生要把握事物的规律，按照事物本身的规律进行教和学，条件许可时，可以边做边教、边做边学，而且教师自己也要动手做，通过做提高自己的教学、技能操作水平，然后才能给学生必要的指导。“教学做合一”不但要求老师先研究教的内容、学生学的方法，而且老师和学生都必须“做”，老师从做中了解怎样做、怎样教，学生在做中掌握怎样学、学什么，“做”成为“教”和“学”的出发点和归宿，两者都围绕着“做”展开。

叶圣陶认为，“学校应该为学生设置种种环境”，陶行知也认为，最重要的是“做”。对于职业教育来说，主要面向生产、管理一线培养技能人才，学生首先要掌握的也是如何“做”。应该给学生创造实训、实习条件，让学生亲自动手，这是提高教学质量的很好途径。但是，在实际教学工作中，让学生在生产、经营环境中学习常常是难以实现的，一方面，设备设施不能满足需要；另一方面，目前，在我国没有足够的岗位，也不可能让学生在企业的工作过程中学习。况且，对于有些科目来说，讲述的是和自然、社会现象有关的规律，大多以抽象的文字展现出来，让学生亲身去做不太可能。同时，我们国家普遍应用的是大班教学，学生的学习能力、知识掌握程度等存在差别，按照学生的学习情况有针对性地开展教学难度较大。因此，近年来，微课、仿真实训室、线上教学等受到关注，其中，集传统方法和现代信息技术、线上线下、课内课外于一体的混合教学模式可以做到监控每个学生的学习情况，可以针对一些抽象或岗位操作内容开展仿真、真实情境等线上教学，对学生的学习效果进行快速剖析，充分发挥“教学做合一”思想，提高职业教育效果。

（二）“教学做合一”观下的混合教学模式

混合教学是指综合使用线上线下、课内课外等教学手段，以学生为中心、教师为主导的教学模式。整个教学过程可以分为课前活动（大部分为线上）、实体课堂、反思与总结这几个阶段。

1. 课前活动

首先，教师根据教学内容、学生情况设计微课、线上课程让学生体验工作环境（有时以任务的形式让学生去工作场地调研、体验）、了解工作原理或操作技能。

其次，根据教学内容设计特定任务，例如测试、主题讨论等。测试主要是引导学生把握住重点，根据学生完成测试的情况，也可以了解每个学生对于学习内容的掌握情况。利用现代信息技术，每个学生的测试完成情况可以迅速得到判断、整理、分析，为下一步的教学提供依据。

为了培养学生团体协作、解决问题等的能力，在这个阶段，也可以提供主题讨论让学生独立或分组完成。现代信息技术为线上讨论提供了渠道，每个学生都可以发表自己的观点，教师可以及时了解每个学生的参与情况。

表面上看来，这个阶段的学生还是在学，但实质上，学生是在“做”，而且是按照教学规律、事物本身的规律在“做”，在“做”中了解事物本身的规律、提高解决问题的能力。这种隐性能力的培养，是传统教学无法完成的。

2. 实体课堂阶段

在课前活动中，教师通常能根据学生的表现总结出一些问题，实体课堂阶段的主要内容就是解决这些问题。教师提前制定任务单，引导学生解决这些问题，在学生不能独立解决的情况下，他们可以与其他同学一起组成讨论组、项目小组，这些小组之间可以在课堂上进行辩论、点评等，在互相找出错误、纠正错误中加深对知识的理解、技能的掌握。

在课堂讨论陷入僵局、偏离主题时，教师应及时纠正，正确引导，扮演好主导者的角色。在这个阶段中，学生也始终在“做”，与团队进行协作，找出解决问题的途径，改善自己的思维能力。

3. 反思、总结阶段（线上、线下）

一般人认为，教学结束后进行反思的是教师。但是，现代教育观认为，教师和学生都应进行反思、总结。

学生对于前面两个阶段出现的错误进行纠正，总结课程主要知识点和提高自己学习效率的途径，在线上发表反思结论。叶圣陶认为，养成好习惯，要从“早”做起，从“小”做起。学生的反思，使自己解决问题的能力得到升华，不断反思的结果，就使学生养成了反思的习惯。

教师也需要对教学效果进行总结、反思，以期改善教学设计、教学方法等；同时，教师应对学生的反思进行评价，可以采用软件制作反思评价表对学生的反思进行指导。

“教学做合一”观下的混合教学模式把学生作为教学的中心，教师的教学设计、教学内容根据岗位操作要求、学生的具体情况进行安排，借用现代信息技术，了解每个学生的学习时间、学习效果，学生通过微课、调研、仿真模拟等体验操作方法、岗位要求，通过线上交流、课堂讨论激发自己的思维、改善学习效果。基于“教学做合一”的混合教学模式不但借助于现代信息技术，使学生置身于岗位操作环境中，而且使教学过程更加个性化，教师更容易掌握每一个学生的学习特点、掌握程度，这是传统课堂教学无法比拟的，在实施过程中，又巧妙地运用了传统教学中的启发、诱导、讨论、反思等教学方法。

“教学做合一”观下的混合教学模式也是“教学相长”的过程，教师进一步掌握了学生的学习规律，提高了自己的教学能力。学生不但提高了技能、掌握了理论知识，而且形成了团队协作、自主学习等隐性能力。

（三）实施中的注意事项或建议

基于“教学做合一”的混合教学融合了“教学做合一”思想及现代教育技术的优点，可以明显提高教学效果，但是，在教学过程中也要视情况灵活运用、把握要点。

1. 量力而行，逐渐积累

首先，在线上活动中，需要配备智能手机或平板电脑等，这要视学生的实际情况对学生做出要求，不能强制学生购买这些设备。

其次，线上活动设计需要教师付出很多时间、精力，特别是微课的制作，需要花费大量资金、时间，教师应对学校能提供的支持、自身时间、教学内容等进行统筹考虑，选择必要、重点的部分制作微课。

再次，在教学过程中，教师应注意积累教学资源、教学方法等，不断完善课程设计，避免急躁心理，盲目追求结果。

最后，学生对于知识的掌握、教学方法的适应也是逐步实现的，教师教学过程中，应经常表扬学生的小进步，对学生的学习积极性进行正面强化。

对于课外活动的设计，应注意短小精悍，学生的课外时间有限，而现代生活丰富多彩，培养新时代的高素质人才，也需要学生多了解书本外的世界。因此，教师设计的课外活动，不能花费学生太多课外时间，尽量做到碎片化、递进式。

2. 避免浮躁，把握精神实质

“教学做合一”思想是陶行知先生在长期实践过程中逐步形成的，我们在运用过程中也要不断感悟。例如，“做”要求教师、学生都要做，才能把握“教”与“学”的规律、重点、技巧，在“做”中不断提高“教”与“学”的效果。如果教师不钻研、不了解，盲目设计一些问题、微课等，不仅浪费资源，也收不到好的效果。

3. 灵活运用多种教学方法、手段

现代信息技术只是为提高教学效果提供了一种新的手段、工具，在具体运用中，还需要灵活结合多种教学方法。“教学做合一”思想在强调“做”的同时，还重视把握、运用教与学的规律，许多职业院校的学生存在思维惰性的缺点，需要教师引入有趣的案例、学生的流行词语等唤起学生的共鸣，在设计任务、讨论主题时，巧妙地运用启发、诱导的方法，引领学生融入专业知识的学习。

4. 注重反思，养成习惯

教师的反思只是一个方面，培养学生的反思习惯也非常重要。职业院校的学生一般理论学习积极性不高，“教学做合一”以“做”为中心，通过启发诱导、讨论、情境教学等提高学生的自主学习能力和自主意识，培养他们深入思考、不断探究的兴趣。但是，另外一个重要的功能，就是培养他们反思、总结、精益求精的工匠精神，不反思，就不能认识到自己的不足，难以达到质的飞跃。在课程评价中，应把学生的反思能力及效果作为一个重要方面，从根本上提高学生的素质。

5. 注意倾听，激发动机

在现代信息技术的帮助下，教师可以根据学生参与讨论、回答问题、提出疑问等活动了解学生，教师在师生互动过程中，应注意倾听技巧的发挥，从学生的角度进行倾听，捕捉学生的心声、掌握学生的心理活动，从而恰当地激发学生“做”“学”的动机。

我国职业教育不但要致力于人才培养质量的提升，而且要让学生人人出彩、可持续发展，在人生成长和职业生涯中实现个人价值。在我国教育的长期发展中，积累、流传下来很多优秀的教育教学思想、方法，在现代职业教育中，我们要巧妙运用、发挥其长处，并与现代技术、手段相结合，促进学生自我反思、自主学习，培养学生关键能力中的隐性能力、精益求精的工匠精神和高尚的职业道德。

三、“新常态”下中国高职院校产学研一体化的构建

当前，职业教育界普遍认识到了产学研合作的重要性，开展产学研合作是增加教育资源、提高教育质量、改善就业形势的重要途径之一，同时，高职院校在产学研合作方面也存在着许多障碍。在经济“新常态”下，我国职业教育必须从扩大规模为主转变到以发展内涵、提高质量为主，高职教育如何适应“新常态”，创新产学研合作形式、提高产学研合作效果成为急需解决的重要问题之一。

（一）产学研一体化是高职产学研合作的发展趋势

由于高职学校产学研合作存在着难以跨越的障碍，特别是对县域高职学校来说，由于其自身力量小，更难以改变现存的局限性，既然用传统方式无法改变这种现状，我们就要创新产学研合作模式，寻求能够减少这几方面影响的产学研合作新模式，从近年来我国少数高职学校的实践和一些学者的理论研究成果来看，高职学校和企业组建产学研一体化是他们进行产学研合作的较优模式。

产学研一体化是以职业学校、企业、政府为发起者，以具有一定规模和典型性的现代企业为主体，职业学校和企业、科研机构按照各自的优势，提供场地、设备、技术人员、管理人员、研究人员等资源，共同组建的集现代职业人才培养、技术革新、产品研发、职业教育改革研究等方面功能于一体的协作组织。这种组织突破了传统产学研合作观念中的主体观念，不再强调职业学校的主体地位，而是在尊重企业的主体地位的同时，强调高职学校在人才培养中的引领作用，高职学校把企业、行业、社会的需求，转化到

课程体系建设、教材开发、实训项目开发等教育过程中，在保证企业经济利益的同时，提高了职业人才培养的质量。

（二）产学研一体化具有独特的优越性

1. 产学研一体化在产学研合作主体观念方面的突破

在我国高职教育产学研合作发展过程中，曾经出现过多种模式，应用较多的为产学研共建校内外实训基地、订单班、命名班、虚拟学院等形式，从本质上说，大多实行的是“双主体”“多元参与”，即具有学校和企业两个主体，包含政府、学校、企业、社会等多方面的参与。“双主体”形式的产学研合作兼顾学校和企业的利益，既考虑到企业的营利性，又可以实现学校培养优秀人才的目标，在一定程度上实现了双赢。企业和学校的共同努力，使政府对于产学研合作更加重视，在促进政府参与产学研合作方面起到很大作用。更重要的是，虽然在产学研合作中企业的营利性没变，但是这种产学研合作形式承认了企业的主体地位、尊重企业的建议，在很大程度上保证了企业的积极参与。

在尊重企业主体地位的同时，高职学校在人才培养过程中，按照社会、行业、企业的需求，构建课程体系、开展教材和实训项目的开发，把职业标准和国际标准相结合，确保人才培养符合我国经济发展趋势，具备参与国际竞争的能力，在人才培养过程中，起到了引领作用；同时，利用企业资源，可以培养大批技术精湛、理论知识雄厚、具有国际竞争能力的师资力量。

2. 产学研一体化突破了高职学校资源的局限性

高职学校在我国属于层次较低的教育机构，先天的特性决定了其在各种资源的获得方面具有很大的局限性，例如师资在科研方面的力量较弱，规模较小，社会影响力不足等，这就在很大程度上限制了其在国内外的竞争能力和人才培养上的整体素质。产学研一体化突破了学校、企业内部的限制，把一个或者几个企业、职业院校的资源进行集中使用，充分共享优势资源，在弥补企业、高职学校不足的同时，共同进行人才培养模式开发、教材开发、新技术和新产品的开发等，达到单个企业或职业院校无法达到的目标，对于满足企业的经济利益和职业院校的育人目标都有巨大的推动作用。

3. 产学研一体化真正实现了双赢

产学研一体化重视企业的主体地位，所以在实践中，充分尊重企业的营利性质，学生实习、新产品的研发、科研开发，都以满足企业的经济利益为基础。但在具体操作中，学校掌握着学生实训内容的安排、新产品研发的主动性、科研开发的引领性，例如，学生实训、实习的学时安排是以人才培养方案为基准，实训内容是在充分调研行业、市场的基础上与企业合作设计的，这样，就在满足企业营利的基础上，保证了人才培养的科学性。

4. 产学研一体化有希望获得更多的政策支持

高职学校的社会影响力较弱，对政府政策扶持、资源索求等呼吁力度较弱。而产学研一体化是由一个或多个企业与职业院校联合组建的组织，其社会影响力远远大于一个高职学校，政府对其重视程度也会提高。因此，对于高职学校来说，不但是在形式上扩大了规模，而且大大提高了对政府、社会的影响力，得到的政策倾斜、资源配置也会明显优化。在产学研一体化发展到一定程度时，可以突破区域限制，得到更高层次政府部门的关注。这种发展趋势很可能形成“滚雪球”的效应，使其能够获得的资源发生质的变化。对于县域高职学校来说，这种效应尤其可贵，对于其突破区域的限制，实现跨越式发展具有巨大的作用。

总之，在新时代背景下高职教育特别是县域高职学校必须在人才培养观念和模式方面做出大量的探索，而产学研一体化无论在资源的补充、研究能力的增强等方面都能起到巨大的作用，以产学研一体化的形式与企业、其他职业院校、科研机构进行联合、融合式发展，是我国高职院校的较好选择。

四、中国高职院校产学研一体化的运行机制与优化建议

20 世纪 90 年代以后，很多国家进入后工业化时代，经济由更新迅速、研发投入高的新技术驱动的趋势越来越明显，市场竞争加剧，顾客的需求向个性化、复杂化转变，产品、技术研发的资源需求增加，企业为了满足技术创新的需求亟待与外界合作。

同时，世界产业的迅速发展、升级对于人才培养也提出了新的要求，掌握简单技术的工人已经不能满足企业需求。市场和需求拉动的产学研一体化逐渐受到重视。

（一）高职院校产学研一体化运行模式

产学研一体化的模式从其形成机制的角度来划分，可以分为政府主导型、政府引导型、市场主导型三类。

1. 政府主导型

政府为了解决国计民生或完成重大项目，以招标、指令等形式组建高等职业院校、企业、科研机构的结合体，同时，为了减小项目的风险，进行项目的绩效评价及验收，政府主导选取有能力有资格的企业、高等职业院校或科研机构作为参与主体。

这种模式在产学研一体化尚不成熟的情况下应用较多，政府不但是主要的投资方，而且是最大的风险承担者和工作开展的组织者。

2. 政府引导型

政府投入一部分资金，对项目投入资源的分配、参与主体的相互关系提出指导性意见，推动产学研参与主体的合作。这种模式下的参与主体联系较紧密，政府发挥决策、协调、监督、信息服务等职能，高等职业院校、企业、科研机构投入部分资金、技术人员、设备等，根据投入的多少及政府的意见决定利益和责任的划分。这种方式更适用于中小企业的参与，有利于提高社会的创新意识和产业竞争能力。

3. 市场主导型

产学研合作的加深，使高等职业院校、企业行业、科研机构之间的合作频次、紧密程度得到提高，在市场力量的引导下自发进行合作得到普及，主体之间甚至形成了新的

组织形式。

在产学研一体化的前提下，参与主体的目标、功能发生根本性变化。企业得到外部力量的支持，目标市场、产品定位发生变化；科研机构不但取得更多的学术成果，经济效益也得到提高，随之而来的是观念的变化和进一步深入市场的期望；高等职业院校科研成果增加、人才培养适应市场能力提高，服务社会和产业发展的动力增强。企业、科研机构、高等职业院校牵头的案例增加，科研机构、高等职业院校研究成果转化的比率提高。但是，由于企业更加贴近市场，以企业牵头是产学研一体化的主要形式。

（二）高职院校产学研一体化优化建议

1. 拓宽主体沟通渠道

首先，加强平台建设，构建高等职业院校、科研院所、企业等主体之间在信息沟通、科研项目合作、成果发布等方面的信息沟通平台，鼓励科技中介的参与。其次，构建企业、科研院所、学校共同参与的专家库，在发挥智囊作用的同时，为科技成果、合作项目的评价、绩效评估提供便利。最后，应在资金及其他资源的扶持方面制定激励政策，按照专家、机构、高等职业院校在技术创新、社会贡献等方面的情况给予职称、土地、资金等方面的优惠政策。

2. 加强信用体系建设

完善信用体系，充实企业、院校、个人等方面的信用信息及科技成果信息，为产学研一体化参与主体解决信息获取瓶颈。首先，应设立专门机构收集、整理相关信息，保证信息的真实、准确、及时。其次，应加强与其他相关机构的联系，保证信息搜集的充分。再次，制定相关信息采集规章制度，在保证信息收集的同时，避免商业秘密、个人隐私受到伤害。最后，应与其他相关机构建立常态化的合作机制，保证数据的完善、综合分析的准确。

3. 设立专门科技成果评价机构

产学研一体化的一个主要障碍是科技成果的评价及转化。资金投入使用效率、科技成果预期效益等通常存在标准不一、评价主体难以取得一致、评价指标多样等难题，为了解决这些困难，政府应发挥主导和政策引导作用。首先，通过专家库开发针对不同项目的评价体系，制定科学、可操作性的标准。其次，构建意见采集平台，根据产学研一体化参与主体的意见不断完善评价体系，满足各方需求。最后，可以进一步完善行业、企业、高等职业院校、科研机构等参与的联盟、集团建设，通过资金、场所、媒体支持等为他们提供发展条件。

4. 给予高职教师更多的政策支持

高职院校的教师要承担教学、科研等常规工作，还经常需要参与各种评比，参与产学研一体化事务的时间难以保障。另外，产学研一体化项目存在一定的风险，成果转化也可能遇到多种阻碍。因此，高职教师参与产学研一体化在绩效评价方面也存在困难。为了鼓励高职教师参与的积极性，应从参与积极性、时间与精力付出、对项目的贡献大小等方面综合考虑对教师进行评价，并在职称晋升、奖金及津贴发放等方面对这些贡献予以承认。

产学研一体化在政府、市场的引导和各方主体的需求拉动下发展迅速，高职院校虽然在科研力量方面弱于普通高校，但随着我国在资金、政策等方面的扶持力度增强，高职院校在高新技术、人才培养改革等方面的研发能力不断提高，与企业、科研机构的联系程度不断深化。

第七章 新时代背景下职业教育校企合作

第一节 职业教育校企合作概述

一、校企合作的内涵和特征

（一）校企合作的内涵

校企合作是我国高等教育“产学研结合”的传统在当代高等职业教育中的发展，也是中国对美欧“合作教育”理念的创新。

1. 校企合作的概念

“校企合作”是主谓结构。“校企”是主语，主语中又存在着并列关系，即“校”与“企”并列，也就是说概念的主语是双主体。概念的双主体性体现出词面与整个词义的同一性。由此看出校企合作的字面意思是产学合作、双向参与。关于校企合作的具体概念有以下三种。

（1）模式说

模式说是把校企合作认定为一种人才培养模式，从中又产生不同的观点，其中较为流行的观点是认为校企合作是一种利用学校和企业两种不同的教育环境和资源，采取课堂教学与学生参加实训工作有机结合的方式，培养适合不同用人单位需要的具有职业素质和创新能力人才的教育模式。对于模式说中存在的培养创新技术人才与应用型人才之争，校企合作是学校与企业通过在资源、技术、师资培养、岗位培训、学生就业、科研活动等方面的合作，利用学校与企业不同的教育资源和教育环境，培养能适应市场经济发展、适合企业需要的应用型人才为目的的教育模式，利用学校与企业在人才培养方面各自的优势，把以课堂传授间接知识为主的教育环境与直接获取实际经验与能力为主的生产现场环境有机结合起来，最终实现学校与企业双赢的一种人才培养模式。校企合作是学校解决实验、实训资源和场所的不足，学生就业困难，构建“双师型”教师队伍的需要；是企业获得优秀技术人才，零距离顶岗就业员工，解决科研问题的需要。

（2）机制说

机制说认为，校企合作开展高等职业教育是一种以市场和社会需求为导向的运行机制，是以培养学生的全面素质、综合能力和就业竞争力为重点，利用高职院校和企业两种不同的教育环境和教学资源，采取课堂教学和学生参加实际工作的有机结合，来培养适合不同用人单位需要的高级应用型人才的教学模式。它的基本内涵是产学合作，双向参与；实施的途径和方法是工学结合，顶岗实践；要达到的目标是提高学生的综合素质，适应市场经济发展对人才的需要。具体来说，包括以下内容：资源共享与技术的合作、专业设置与课程体系开发的合作、岗位培训与实验实习的合作、师资培养与科研的合作。

（3）中间组织说

中间组织说认为，所谓校企合作是指在为社会教育和培训合格的劳动者这一目标下，开展职业院校与企业、行业、服务部门等校外机构之间的合作，将学生的理论学习和实际操作或训练紧密结合起来，以提高高等职业教育的质量和未来劳动者的素质，并增强企业部门与毕业生之间双向选择的可能性，最终促进社会经济的发展。

校企合作是一项涉及学校、企业、院校主管部门和政府等的系统工程，是一种利用学校与企业不同的教育资源和教育环境，借助院校主管部门和政府等的外界力量，以培养适应经济社会发展、适应行业企业所需人才为根本目的的办学模式。

2. 校企合作的本质

（1）校企合作的教育模式

校企合作教育模式是一种以社会需求为导向的运行机制，其人才培养的过程由企业和学校共同参与，共同研发制订教育计划。校企合作人才培养模式与传统的教育模式不同，它是由单一的学校教育转化为学校和企业共同教育、由封闭式的学校教育转化为开放式的社会教育、由以理论学习为主转化为以实践教育为主的人才培养模式。

（2）校企合作的双方目标

校企合作是学校与企业两类不同社会组织的结合。校企双方，作为校企合作关系的直接利益关系方，一个是非营利性组织，一个是营利性组织，二者的行为规则和利益诉求均不相同。职业院校作为非营利性组织，从事的是社会公益事业，提供的是教育公共产品，以服务为宗旨，追求的是社会效益的最大化；而企业作为营利性组织提供的是商品和服务，以营利为目的，追求的是利润的最大化。在校企合作中，学校的目标通常是通过校企合作共建实习基地，为学生提供实习条件，推进双师培养和专业与课程改革等；企业则希望在校企合作中达成以下目标：获得技术支持、进行合作科研开发、员工培训、未来稳定的用工来源和赢得社会声誉等。校企合作作为教育与经济合作的具体化形式，其实质就是教育根据企业需求，主动适应并为企业服务的合作，体现了教育必须适应经济发展，为经济发展服务的规律要求。

（3）校企合作的法律关系

当前，校企合作的法律关系基本上是一种民事合同法律关系。所谓合同，是指平等主体的自然人、法人、其他组织之间设立、变更、终止民事权利义务关系的协议。它具有平等、自愿的特征，是合同当事人共同的意思表达，对于当事人具有法律约束力。校企合作合同与其他的民商法合同一样，它的主体主要是学校和企业双方，是学校和企业把它们参与合作的意愿落实在书面协议（包括口头协议）中。而校企合作涉及的其他利益相关者，如政府、行业和学生等则根本不是合同的主体。这样，作为校企合作的最重要的推动者政府及其相关职能部门就可能完全置身事外，把校企合作当作是学校的办学自主权，认为是学校的职责而不作为。另外，从校企合作合同的基本内容来分析，校企合作意味着企业和学校确立了合作伙伴关系，并且以双方当事人的协议为基础，因而只能依据合同法的原理来明确双方的权利和义务。

因此，可以说校企合作的本质首先是一种办学模式，其次其合作是为了培养人才。其组成要素不仅有学校和企业，还应有院校主管部门、政府部门等利益相关者。

（二）校企合作的特征

职业教育校企合作的办学形式和开展内容必须围绕职业教育人才培养的目标、功能和定位，充分了解企业的需要，联系当地的经济优势，达到校企合作共赢的目的。因此，校企合作的特征主要表现为以下方面。

1. 职业性

职业教育校企合作从一开始就以培养适合职业岗位要求的人才为目标，包括产学结合、工学结合乃至产学研结合，具有较强的功利性。因此，学习和生产相结合的主要目的是学生在学习情境中教育自己、学习知识，养成良好职业素养，培养和提高专业能力、方法能力和社会能力，最终使他们完成由学习生涯向职业生涯的过渡。这一过程充分体现了职业教育校企合作的职业性特征，也合乎企业对高素质技能型专门人才的要求。

2. 教育性

职业教育是以培养学生职业能力为目标，是一种具有强烈经济行为和企业行为的教育形式。因此，校企合作的首要目标就是培养高素质技能型专门人才。校企双方以人才培养为共同目标，以岗位需求为导向，转变育人理念，强化人才意识，优化专业设置，明确培养目标，制订教学标准，整合教学资源，共同参与人才培养的全过程。这既是校企合作的内在要求，也是其本质属性——教育性的体现。

3. 互利性

合作是社会互动的一种方式，是指个人或群体之间为达到某一共同的目标，彼此通过协调作用而形成的联合行动。因此，职业教育的校企合作作为一种社会互动方式，在合作过程中各参与方具有共同的目标、相近的认识和协调的互动，也就是具有行为的共同性和目的的一致性，即互利性特征。这里的目标实际上是一种利益，是仅通过一方的行为无法实现的利益，企业、职业院校、教师、学生和企业员工所有获得利益均是通过互动合作来实现的，参与方既不应该只有行为而没有利益，也不应该只有利益而没有行为，否则校企合作只能是一种短期行为。因此，互利性是实现校企长效合作的基础。

4. 经济性

校企合作办学是以经济社会需求为动力，面向地方经济社会发展设置专业，人才知识与能力结构符合社会需求，教学科研体现改革思路。校企合作办学是以紧密型、融合型基地建设为重点，抓住校企合作的关键，突破传统基地的学生实操单一功能，着重建设具有多功能、多层次的紧密型、融合型基地，把紧密型、融合型基地作为实施一体化办学模式的重要基础。

5. 创新性

创新是职业教育探索校企合作办学发展之路成败的关键。因为，在进一步完善职业教育的人才培养过程中，探索校企合作的人才培养模式，既是一个不断改革创新的过程，也是职业教育提高人才培养质量和实现可持续发展的必然需求。由于职业院校所处区域和面向行业不同，校企间的合作形式、内容与方式必然也不相同。在校企合作的过程中参与各方要以求真务实的态度和改革创新的精神寻求校企合作的有效途径，如果仅仅是照搬一些不太成熟的经验和做法，而没有结合各参与方实际情况进行改革与创新的校企合作，不可能真正实现校企合作办学的目标。

6. 多层次性

校企合作必须是全方位、多层次的合作，合作的形式、内容和方式呈现出多样化的特点，如职业院校和企业的合作、职业院校专业和企业部门的合作、技术的合作、人力资源与物质资源的合作、信息的合作、研发的合作，等等。职业院校、企业、政府、社会等以多方生存和发展的共同愿望为基础；以人才、技术、效益为结合点，充分挖掘校企合作的内容和形式；以发挥各自优势为条件，遵守市场经济规律、职业教育规律；逐步形成互利互补、良性循环、共同发展的长效合作机制，满足经济社会迅速发展和人力资源的动态性需求。校企合作的多样性是实现“以服务为宗旨，以就业为导向”办学理念的重要措施，是达到校企长效合作机制的重要保障，是校企合作成功的重要标志。否则将会影响校企合作的广度、深度和效益。

7. 文化性

校企合作同时也是一种文化合作。大多数企业在激烈的市场竞争中已经形成了具有各自特色的企业文化，包括先进的理念、合理的制度、科学的管理、严谨的态度、完善的服务以及和谐的氛围等。高素质技能型专门人才培养需要企业文化的熏陶，学生作为校企合作的主要参与者，在各种不同方式的校企合作中，不但学习了专业知识和技能，也为学生深度接触社会、了解社会开辟了途径，同时也使学生能够接受企业文化的陶冶，逐步形成积极认真的工作态度、严谨细致的工作作风和团结合作的工作精神等职业素养。在校企合作的过程中，企业文化和校园文化的交流、渗透和融合，可以不断丰富校园文化和企业文化的内容，增加校园文化的职业氛围，提升企业文化的层次，实现校企共同更好更快地发展。另外，在校企合作过程中，企业参与职业院校的管理，企业先进的理念和开放的文化，将打破职业院校传统的、封闭的管理与文化；特别是企业良好的服务理念和完善的服务体系融入，将会帮助职业院校全体教职工树立服务意识，形成良好的服务育人氛围。由此可见，校企间的文化合作——文化性，充分体现了校企合作的层次和水平。

二、校企合作的内容和原则

（一）校企合作的内容

校企合作办学合作内容涉及学校培养技能人才全过程，包括发展规划、专业建设、课程建设、师资建设、实训教学、教学管理、学生管理、招生就业以及文化建设等九个方面。

1. 发展规划

校企合作中的发展规划内容包括：一是成立校企合作指导委员会。校企合作指导委员会由校企双方负责人、政府有关负责人和有关专家组成；制定委员会章程，提出校企合作规划和目标、活动方式等；在学校设立办事机构；建立日常信息交流反馈制度。二是校企共建战略伙伴关系。制定战略伙伴关系合作协议；校企双方定期或不定期研究新专业设置、老专业改造、技能提升培训、师资队伍建设、教材建设等涉及高技能人才培养与共同发展的重大问题；建立日常性联络制度，形成长效合作机制。

2. 专业建设

校企合作中的专业建设内容包括：一是成立专业建设委员会，专业建设委员会由学校负责组建，聘请行业企业的相关专家和高管参加，不少于总人数 50%。专业建设委员会负责制定专业建设委员会章程，提出专业建设规划，拟订专业人才培养方案。二是建立校企共建重点专业和新专业建设决策机制，即校企双方主要负责人和相关专业骨干组成决策班子，确定重点专业和新专业，并定期组织相关研究活动；三是建立由企业主导的专业建设协调机制，即由企业负责人针对新兴产业和主导主干产业确定新专业的设置，学校积极参与，对企业确定的新专业组织好申报、招生和教学实施工作。

3. 课程建设

校企合作的课程建设内容包括：一是校企共同制订教学计划，然后学校根据专业设置和人才培养目标以及企业的岗位人才需求规格等来编制教学计划、教学大纲和课程实施方案，做好教材选用工作，确定实习实践环节；二是校企双方共同确定课程体系，共同制订教学计划和教学大纲，双方有关人员共同编写符合企业需求的教材，制订实习实操实施方案，并由专业建设委员会进行课程标准的评审；三是由企业主导课程的开发，确定典型项目教学、工作任务案例、教学计划和教学大纲，并组织编写教材和实习教程，职业院校实施教学和人才培养。

4. 师资建设

校企合作的师资建设内容包括：一是校企共同组建师资队伍，学校聘请行业企业优秀高技能人才、专业技术人员、高级管理人员和专家担任生产实操指导教师和核心课程教学指导教师，在国家政策允许的范围内向企业有关兼职人员和实习指导老师支付一定的报酬；或学校依托和凭借合作企业培养培训师资，定期派遣教师到企业进修并形成制度，有效提升教师的实践技能水平。二是企业专家为学校教师举办新技术、新工艺、新设备、新材料等内容的学习培训；或企业安排研发创新人才对学校教师采用“师徒制”或“导师制”进行传帮带；或学校教师参与企业的技术攻关、技术设备更新改造和技术成果应用，企业把某一技术课题委托给学校进行技术攻关和技术改造等来提高教师技术研发和创新水平。三是企业相关人员到学校实行阶段性全脱产教学和科学研究，或学校教师对企业高级技术人员和高技能人才进行提升培训，相互融通。

5. 实训教学

校企合作中的实训教学内容包括：一是学校自身建立校内实训基地甚至生产性实训基地，配备设备设施，按照教学计划、教学大纲和人才培养目标组织实施实训教学。二是校企共建实训基地或生产性实训基地，基地的相关设施设备由校企双方共同负责；或开展产教结合实训，即由企业为学校提供相关产品，供学生进行产教结合实训，学生通过完成产品的部分工序达到实训的目的。三是深度融合实训教学，包括：企业建立生产性实训基地（或实训基地），主要设备设施由企业提供；或学校在厂区建立教学区，学校将一个或几个专业的教学放到企业去办（“厂中校”）；或学校将实训基地建在当地工业园或企业内（“园中校”“厂中校”），做到人才培养和人才使用的无缝对接。

6. 教学管理

校企合作中的教学管理内容包括：一是改革学生学业考核评价办法，完善“知识+技能”的考核评价体系，校企双方通过面试、笔试和实操等形式对学生的专业知识和专业技能进行考核，使学生取得相关专业职业资格证书和毕业证书；二是改革教学模式，让学生积极主动参与到学习过程之中，满足学生求知和就业的需求；三是改进教师教学质量评价的方式方法，企业参与教学过程和教学质量的全程监控。

7. 学生管理

校企合作中的学生管理内容包括：一是学校按照企业要求制定学生行为规范。学校按照企业要求制定学生行为规范。学校聘请企业相关人员参加，建立结构合理的学生管理机构，按照企业用人标准制定规章制度，开展学生活动，进行学生管理工作研究。二是学校与企业共同制定操行考核及奖惩制度，并运行有效。

8. 招生就业

校企合作中的招生就业内容包括：一是学校制订招生培训就业计划。学校按照企业需求，根据自身办学资源，制订招生培训就业计划，并组织实施。二是校企双方共同制订招生培训就业计划。校企共同制订招生培训就业计划，共同组织招生培训宣传、考试，共同确定录取名单；学生毕业时由企业安置就业，学校做好毕业生就业后的跟踪服务工作。

9. 文化建设

校企合作中的文化建设内容包括：一是企业文化进课堂。学校开设企业文化课程，聘请企业管理人员授课；二是德育基地进企业。在企业开设专项德育实训基地，零距离吸纳企业文化，让学生身临其境；三是企业文化进实训。还原企业真实的工作环境，严格按照企业岗位有关要求进行操作；四是企业制度进校园。学校把企业管理有关条例适当渗透进学生管理当中，让企业制度和职业院校制度有机结合，使学生及早感受到企业的约束，做到日常行为职业化。

（二）校企合作的原则

为实行校企合作，促进职业教育发展，在校企合作中应坚持服务企业、企业需要、校企互利、校企互动、统一管理的原则，力求实现高技能人才培养目标和校企互利双赢的目标，促进校企共同发展。

1. 服务企业原则

职业教育的目的是为企业服务，为企业服务是职业教育发展的指导思想，也是开展校企合作的基础和前提条件，企业服务的优劣对校企合作的成败具有决定性的作用。为了使校企合作较好地为企业服务，职业院校在开展校企合作的过程中，要积极主动地深入企业中进行调查研究，了解企业对人才的需求状况和技术要求，再根据企业的需求和标准积极为企业培养出令其满意的高技能人才。职业院校应始终坚持注重企业、服务企业、关心企业的发展，只有这样才能与企业建立良好的校企合作关系，促进校企合作的发展。

2. 企业需要原则

校企合作取决于企业的需要，职业院校应积极主动满足企业的需要，才能促进校企合作的发展和成功。在职业教育中应根据企业的用人要求和岗位需要，制订出培养方案。职业院校深入企业中对员工进行培训时，应积极选拔最好的师资深入企业对员工进行培训。对于企业其他方面的需要，职业院校应尽最大的努力给予帮助。

3. 校企互利原则

校企双方互利是进行校企合作的基础，失去互利将无法谈合作。通过校企合作，企业可以增加经济效益、提高职工的能力和素质、促进企业科技进步；学校可以提高教学质量和实力，提高师生的技能水平，促进学校产学研相结合。

4. 校企互动原则

校企合作需要职业院校与企业的互动，职业院校应定期组织专业理论教师到企业给员工培训，企业也应定期派技术员到职业院校举办讲座。通过校企互动，职业教师的实践知识丰富了，能力提高了，企业员工学到了理论知识，使得理论与实践互补，实现理论与实践三体化。

5. 统一管理原则

校企合作是职业院校与企业双方的活动，在校企合作中，对于校企双方的利益与责任要实行统一领导、统一管理、统一规划、统一实施、统一检查，只有这样才能实现理论知识与企业技术需要的较好结合。

三、新时期职业教育实行校企合作的重要性

（一）有利于职校发展

1. 利于职业院校软硬件的建设

我国对职业教育的投资主要依赖地方政府，经费欠缺是其发展的瓶颈。而经费不足

的不良影响是全方位的，最严重的是导致部分职业院校扩招后在校园建设、教学场地、实训设备和师资力量等方面的严重缺陷，进而影响高职院校的教学质量和人才培养水平。校企合作可以有效地利用企事业单位的现有软硬件设备，有效地解决职业院校投入不足的难题。

2. 利于职业教育办学资源的集聚

校企合作办学资源的积聚主要表现在三方面。第一方面，有利于集聚政府资源，充分利用政府的调控职能和政策制定者优势，发挥政府在职业教育的主导作用，包括人、财、物资源政策，校企合作政策。从某种意义上说，这种资源虽然抽象，但受益面相当广泛。第二，有利于集聚行业资源，依托行业、服务行业是职业教育的重要特征，是行业政策的制定和行业发展政策的引导者，如能把职业教育的有关事项嵌入其中，则一定会收到事半功倍的功效。第三，有利于集聚企业资源，企业需要高等职业院校的服务，也能给职业教育发展带来更多的机会，如学生实习就业的机会，教师实践和锻炼的机会，生产技术一线技术和标准充实教育教学的机会，这都是学校办学不可或缺的资源，在合作过程中，必然会相得益彰、互动发展。

3. 利于职业院校人才培养目标的实现

职业教育的目的是培养面向一线的高技能人才。人才的实践性、应用性是主要特征，面向基层、面向中小企业是其基本定位，毕业与上岗零过渡是其目标追求。对此，我们对职业教育的人才培养定位是面向基层一线的高技能、高适应人才。为了实现这一目标，必须因材施教，必须引进生产、建设、管理、服务第一线的具体工作规程和实践知识，必须使教学与实践的距离最短，必须引进生产建设、管理服务一线的能工巧匠、业务能手和经营专家来从事教学工作，必须使学生有足够的机会和时间进行实习和实践，真正体现教学做一体化，但这一模式的实现，仅停留在学校本身单一主体，应该说是不可能实现的。职业教育不仅仅是知识和理论的传授，而且是理论与实践相结合的教学，必须把生产建设管理服务一线的鲜活知识、鲜活案例带进课堂，在学校与企业多主体的合作中才能实现。

（二）有利于企业发展

1. 利于减少人力资源成本

随着企业的发展，企业对人才的需求量也增大，但是由于许多毕业生往往无法达到用人单位的岗位要求，需要企业在他们上岗前对他们进行二次培训，这样大大增加了企业的人力资源成本，同时由于现在人才的流动性增大，许多企业在付出了沉重的培训成本之后往往无法获得应有的收益。校企合作将学习与工作、理论与实践、学校教育与企业用人需求有效结合起来，完善了学生的知识结构，提高了学生的动手能力。通过建立校企合作管理，学生能够在毕业时达到其岗位要求，从而有效地降低了企业的人力资源成本。

2. 利于企业经济效益的提高

从现实来看，企业发展的动力源泉是经济效益，企业只有盈利，才能发展。而影响经济效益的因素是多方面的，包括产品、成本、资金、技术、人才等。在具体的生产过程中，企业往往会遇到技术、人员等方面的难题，如果仅仅依靠自己，解决问题有一定难度或者周期过长，影响企业的绩效。这就需要和职业院校进行合作，来解决自己的实际困难。从学校来说，它可以为企业提供相对较廉价的学生劳动力，从而使企业降低成本，而学生通过长时间的在校学习，一般都掌握一定的技术，学生到企业去顶岗实习，既可以锻炼自己，也可以发挥技术优势，帮助企业提高利润。校企合作，学校还可以为企业提供较强的师资队伍，老师通过带队实习，检查指导等形式，参与企业生产，能够帮助企业解决技术难题。解决了技术和人员这两个难题，企业自然达到了增效增收的目的。

3. 利于企业技术创新

职业院校以及科研机构每年都有大量新成果、新技术推出，但是这些科研成果往往要经过较长时间才能转化为经济效益，其主要原因是企业和学校、科研机构联系不紧密，合作较少，双方互不了解，使得技术推广难度增大。随着现在社会竞争的加强，企业要发展，要提高经济效益，就要缩短技术创新的时间，降低成本，提高效率。开展技术创新和产品改革已经成为企业维持和获取竞争优势的重要手段。单纯依靠企业自身积累远远不能满足社会快速发展的需要，因此，通过相互间合作研发新技术、开发新产品已经成为必然选择。

（三）有利于师生发展

1. 利于打造“双师”素质师资队伍

高素质的师资队伍是提高职业院校教学质量和人才培养水平的关键要素。通过校企合作，职业院校的教师可以定期以脱产或半脱产形式到企、事业单位进行跟岗实践锻炼，很好地弥补岗位能力和实操能力不足的缺陷；同时，企、事业单位的专业技术人员和高级管理人员经过适当的岗位培训后也可以到高职院校进行兼职教学，从而解决实操教学师资不足的问题。因此，与企业的深度融合能够为职业院校培养一支具有高素养和高技能的“双师”素质师资队伍，从而优化师资结构，提高师资水平。

2. 利于培养学生职业能力

在校企合作模式没有开始前，学校因为财力缺乏，使得各专业的实习实训条件不能达到课程标准。而通过校企合作可以让学生选择与专业对口的实践工作，学生要转变自己的身份以一个职业人的要求完成用人单位交办的工作，到毕业时，学生就有了相关专业领域的工作经验，有些甚至还未毕业就已经成了企业的骨干。由此可见，通过校企合作，可以培养学生的动手能力、综合分析能力、独立完成工作的能力和应变能力等职业岗位能力，从而完成学生从“学生—学徒—职业人”的转变。

3. 利于拓宽学生的就业途径

校企合作及时帮助学生掌握就业信息，实现学生就业和企业用工的顺利对接。应届毕业生在谋求就业遇到的障碍之一是信息不对称，不能获得必要、及时的就业信息，这在一定程度上导致学生付出很大的经济、时间和机会成本，而不能找到适合自己的就业岗位。通过校企合作，极大地增加学生接触企业等用人单位的机会，使他们在实际生产和服务过程中，熟悉企业对人才素质的要求，了解企业聘用新员工的意向，直接或间接获得有用的就业信息。同时，通过校企合作，把握了行业发展趋势，掌握了企业用人需求，实现了“订单式”培养，大大改善了毕业生的就业状况。

第二节 职业教育校企合作的管理工作

一、职业教育校企合作的学生管理

校企合作办学是职业教育改革的重要方向，是大力发展职业教育的必然要求，也是职业教育最优的人才培养模式。校企合作的主体是学校和企业，但最终的落脚点仍然是在学生身上，开展校企合作这种模式的教育，目的就在于培养高素质技能型的人才。但实际上，校企合作背景下，学生的教育管理还不够成熟，严重影响了校企合作对学生培养的实际成效。因此，探索学生管理工作，成为职业学校和企业迫切需要解决的问题。

（一）学生进入企业前后的管理工作

1. 学生进入企业前

学生进入企业前要进行培训。很多实习生下企业前大多抱着美好的期待和从学校解放的心情，未曾想过学校的生活与社会、工作生活是存在很大的不同的，主要表现在与人交往方面以及对于自己的定位不准，故而在下企业后的前几个月会出现不适应，甚至会经常产生离开单位的想法。因此，学校要针对学生下企业后出现的若干问题，对学生进行引导教育，使得学生做好下企业后的思想准备，勇敢地应对下企业后出现的种种问题，以更积极向上的心态解决这些问题。

首先，使得学生明确校企合作的意义和目的，激发学生学习动机，避免学生产生“学校不管我们了”等消极思想。其次，使得学生明确校企合作的学习方式的目的、意义，并结合他们的工作岗位特点有针对性地进行深入细致的顶岗实习前教育和培训，提高学生对企业和岗位的认识。最后，学生离校实习前，要求严格签订相关的“协议书”和“保证书”，加强学生对实习期间安全、法制等方面的重视。

2. 学生进入企业后

（1）建立学生的个人档案

在校企深度合作的背景下，交替的工学结合的培养模式，使得学生不断地变换角色，这个时候，学生的思想和心态很容易产生波动。社会上一些好的与不好的方面，都会或多或少影响到学生的人生观和价值观的形成。

（2）辅导员要转变好角色

辅导员是学生的直接管理者，在校企深度合作的背景下，辅导员所发挥的作用尤为重要。学生在学校学习期间，辅导员按照学校的常规方法、规则来管理学生，如：开班会了解学生的相关需求；定时检查上课出勤率；找学生谈心，了解他们的心理状况；开展各种知识技能大赛，丰富学生的课余生活，巩固他们的知识；等等。在学生进入企业实习后，既有“学生身份”，又有“员工角色”，双重角色能使学生的内心产生一些变化，学生既为进入真实的工作岗位感到激动，又为离开熟悉的学校感到忐忑不安，在这全新的环境中，学生容易忽视学校的管理和指导，造成他们不遵守企业和学校对顶岗实习的安排和管理。因此，辅导员则需要转变自己的角色，由学校的管理规章下转变为按照企业的运作要求和文化内涵来管理学生。

（二）校企合作中学生管理工作创新

1. 校企联手寻求灵活有效的心理教育模式

根据校企合作模式下学生的心理特点，我们要寻求灵活有效的心理教育模式，这种模式应该贯穿学生的整个学生生涯，分为实习前、实习中和实习后三个阶段。一是要建立心理疏导机制。在实习之前，有些学生可能会对实习不理解，不认同学校的这种安排，认为学生就应该在校园里多学习知识。还有一些学生踌躇满志，向往社会，向往工作，实习满足了他们开拓新天地的渴望，但又感到自己缺乏专长，缺乏竞争力，对即将面临的实习感到恐慌。基于这种情况，应建立起一套完整的心理疏导机制，即从院领导到相关教师再到辅导员都必须重视学生的心理波动。耐心讲解实习的目的、意义，使学生能够以更成熟的思维方式去分析问题、解决问题。学生在校期间，应发扬传统教学模式的优势，多开展学生活动，使学生学会如何与人交流，如何正确认识自己，形成积极向上和乐观的生活态度。二是要建立心理互助小组。这主要是针对在企业实习的学生。把去同一家企业的学生编成一个或多个心理互助小组，每个小组定期举行活动，在活动中大家可以互相倾诉烦恼，也可以共同分享快乐，通过这样的方式，使每个学生都能获得心理上的安慰，避免心理疾病的发生。三是建立信息联络员制度。在实习期间，选择一些责任心强、善于与人沟通的学生作为联络员，这些联络员通过网络、手机等多种方式将实习情况及时反馈给辅导员或相关企业的管理人员。四是建立有效的沟通机制。这种沟通是多方面的，包括辅导员、相关教师和企业指导老师的沟通；辅导员与企业实习学生的沟通；企业负责人与学校负责人之间的沟通等，及时解决学生碰到的心理难题。五是健全实习结束后的心理辅导机制。学生结束实习返校，辅导员及相关教师可采取总结报告、座谈讨论、个别谈心、评比竞赛等方式，引导学生结合实习，搞好分析总结，并注意在今后的学习、工作中不断改进、提高。这样，校企合作模式下学生管理工作才能产生实际效果。

2. 校企合作形成创新的学生管理机制

学生管理工作是一个复杂的过程，它不仅涉及学工系统，而且从学院的角度出发，全院的行政系统都应是实施学生管理机制的主体。各级院领导应充分重视学生管理工作的重要性，切实加强对学生管理工作的领导，做到职责明确，体制健全，形成一套行之有效的管理机制。校企合作模式注重学生实践能力的培养，使学生在校期间就能尽早地进入企业学习。相对来说，学生在校内的时间缩短、在校外实习时间变长，使学生管理工作和思想教育工作的难度增大。

学生管理机制不能忽视学生自我管理的重要作用。特别是进入高年级阶段，学生的自我管理显得尤为重要。此时学生对自己的未来进行了规划，形成了较为成熟的想法，需要朝着个性化的道路发展。学生自我管理并不是指学校和辅导员对学生不再进行管理，而是学校通过宏观调控，完善各项规章制度，培养学生自我管理的能力；而当学生在自我管理的过程中出现问题时学校和辅导员及时给予帮助和指导，学校就像一只看不见的手，从总体上控制和把握学生管理工作。这大大提高了学生自我思想的转化和良好行为习惯的养成，提高了学生的管理能力，让学生能够更快适应企业的生活，适应社会。

学生管理的激励机制也是必不可少的。学校可以通过与企业联手设立各种奖学金，组织各种优秀学生的选拔比赛等。鼓励学生以企业的实际项目为课题进行创新研究；结合校内课程学习成绩，由学校与企业共同考核确定；优秀毕业生可优先被企业录用；实习期间由企业考察选拔储备管理干部人选。

校企合作模式下学生管理方式需不断创新。由于学生所处的学习环境发生了变化，不再是单纯的学校环境，很多传统的管理方式因为时间、地点、人数等无法正常开展。所以，仅仅通过谈话、沟通等传统方式是不能达到良好的管理效果的。因此，学生管理人员（主要是辅导员）可以定期到不同的实习单位走访，通过网络等方式了解学生实习生活的情况，及时解决学生思想、心理问题；在活动组织上也应根据企业情况、学生时间情况等因素灵活形式进行。学生管理工作不仅仅是学校的工作，更应得到企业的支持和配合。企业应配备专人负责学生的管理工作，定期开展企业文化、职业道德等方面的宣传和教育，帮助学生既练技能，又学做人。校企双方形成教育合力，搭建全员、全社会育人的架构，提高教育管理工作的实效性。

3. 校企文化融合尝试新型的教育理念和管理手段

校企合作模式必然会带来校园文化和企业文化的融合。学校应扬长避短，充分发挥企业文化的积极作用，引导学生针对自身的问题进行改进。学生在学校文化的氛围中形成了积极向上的人生观、价值观，在接受企业文化的过程中学会了与人沟通、与人合作等能力，从而使学生在学习知识的同时也学会如何做人。在学生管理模式上可以参照企业的组织模式设置班委，以企业的管理模式实行“总经理（班长）负责制”，按照企业的制度制定班级规章制度，结合企业和专业的特点规划班级活动，以项目的形式组织班级活动，从而使学生在校期间就能感受到企业文化氛围，帮助学生毕业后更快适应企业的工作。

二、职业教育校企合作的运行管理

运行管理是职业教育校企合作管理工作中最重要的一部分，也是保证学校和企业完成合作教学的主要过程。依照当前比较成功的范例，校企合作运行过程主要分为下列步骤。

（一）分析人才需求，开展招生招工

1. 确定用工岗位

确定合作企业以后，学校和企业一起研讨，对企业的人才需求进行分析，具体包括各岗位的在职人员数量、技能水平的现状、过去每年各岗位的招聘人数，根据企业的生产规模和发展规划，科学预测未来几年各岗位人才的需求量，以及各岗位的技能要求发展状况，撰写该企业的人才需求分析报告，从中确定企业的哪些岗位符合学校的专业设置和国家职业标准，将这组岗位确定为校企双制班学生毕业后的工作岗位。该环节需要根据培养层次（中级工、高级工或技师）结合企业岗位实际来确定。

2. 制定人才培养目标

在确定校企合作的工作岗位群之后，学校专业骨干教师需深入企业，与各岗位现职人员深入交谈，记录调研数据，撰写工作分析报告。对这若干个岗位进行更详细的职业与工作分析，可借助鱼骨图等分析工具，罗列每一个岗位的具体能力要求，包括胜任该岗位所学知识与技能、工作素养、通用能力等，在此基础上描述人才培养的具体目标。

3. 组建试点班级

确定人才培养目标后，就可开展招工招生的工作，常见的有下列三种情形：第一，企业通过社会招聘确定一批准员工（或从在职员工中组合一批人员），输送到学校作为正式学生共同培养；第二，学校完成新生录取后，企业在学校的新生班级或二年级的班级中招聘准员工，重组成为校企双制班；第三，在招生前期，企业与学校一起招生招工。在招生招工过程中，可以通过宣讲会、现场会等形式对学生进行招聘动员，使学生了解企业，从而踊跃加入校企合作班。

（二）分析学习任务，开发课程内容

1. 分析学习任务

在正式组建校企合作班以后，专业教师需要召集企业相应岗位的在职人员开展访谈会，各与会人员罗列岗位的代表性工作任务，汇总典型工作任务，确定一体化课程，编制教学计划表，并借助鱼骨图等分析工具对各代表性任务进行分析，从而挑选出合适的学习任务。学习任务的设置既要考虑通用的技能，满足该专业国家职业标准的要求，又要考虑企业的专项技能，以实现与岗位的零距离对接。

2. 分析课程概要

确定课程列表后，专业教师与企业共同分析每门课程的实施情况。一般来说，通用知识与技能主要由学校的专业教师任教；企业特有的专项技能主要由企业派出工程技术人员作为兼职教师任教。因此，校企合作班的任课师资队伍肯定是校企双方共同组建的。在制订教学计划的同时，需要规划好各门课程的任课教师，为教学实施提供师资保障。

3. 开发课程内容

确定课程概要以后，专业教师召集企业相应岗位的在职人员，利用学习任务描述表，一起对各学习任务进行分析并作出具体的描述，将岗位工作任务的内容、过程、标准及组织形式等转化为课程的学习目标、学习内容、参考性学习任务及其基准学时、教学实施建议和考核评价要求等，进而汇编成课程标准。课程标准是人才培养方案的重要组成部分，是教学实施的基本依据。

（三）分析实施要求，开展课程教学

1. 确定教学实训场所

确定课程标准后，专业教师与企业共同分析每门课程的教学资源。通常来说，通用技能的实训，主要在学校内的实训室进行；企业特有的专项技能，一般在企业内的生产车间完成。因此，校企合作班的教学资源必然是校企双方共享的，这是提高教学效率的有效途径。在确定教学计划表的同时，不但要确定每门课程的任课教师，还要确定每门课的教学场所。这是校企合作班人才培养方案的重要组成部分，通常被列入校企合作办学的协议中，以增强对教学资源的保障。

2. 组织课程实施

确定任课教师和教学场所后，开始进入课程组织实施过程。校企合作班的课程教学实施与非试点班的课程教学实施没有本质的区别。他们都是按照工学一体原则，以学生为中心，通过自主探究、小组协作、以工作过程为教学的组织流程，通过完成学习任务获得知识、技能和工作素养，从工作总结与反馈中获得知识的系统提升。具体的教学活动策划一般包括每一教学活动阶段的学习内容、学生学习活动、教师教学活动、学习资源准备、学习时间、学习场地等。

3. 监控与管理实施过程

教学实施过程的监控与管理，与非试点最大的不同在于：除了基于校园文化的校纪校规以外，还基于企业文化的生产管理规范。因此，校企双制班的管理团队也是校企共同组建的，在校期间以校内的教学管理为主，在企业期间以企业管理为主。双方对学生进行过程考核，且每个学期一起对学生开展职业能力测评，测评结果用于修正今后的教学实施。

第三节 职业教育校企合作的机制保障

一、职业教育校企合作的组织机构

成立校企合作组织机构便于规范化管理职业教育发展，协调合作双方中出现的矛盾，为强化学校的校企合作的管理和推进校企合作的深度融合提供了坚实的组织保障。管理组织机构应从上至下逐级设置。学校以“校、院、专业”三级组织机构最为常见，即校企合作办学理事会、二级学院校企合作委员会和专业建设指导委员会。

（一）校企合作办学理事会

1. 成立理事会的现实意义

校企合作办学理事会能够整合职教资源，形成整体优势，深化教学改革，突出专业特色，拓展就业渠道，增强整体实力，通过加强产教结合、校校联合、校企之间的交流与合作，充分发挥集团组合效益和规模效应，实现集团内资源共享，优势互补，全面提高各成员单位的市场竞争力，强力打造具有广阔发展空间和社会影响力的一流职业教育集团。

（1）推进产教融合、校企合作

通过理事会的成立，促进职业院校与行业企事业之间更紧密的联合，共享教育培训条件、实训岗位和教育培训师资等资源，形成校企双方人才资源优化和集聚机制；加强学校与企事业单位之间科研和产品开发等方面的合作，加快实现科技成果转化，提高职业院校和企事业单位的可持续发展能力。

（2）推进优质职业教育资源集聚和服务社会的功能拓展

理事会内成员单位共享教育资源，实现信息、人力、教学设施和实习实训基地等资源的共享、整合和优化配置，充分发挥教育投资的效益，努力扩大公共服务职能，促进教育公平；同时为社会提供更多的成人教育机会，承担更多的社会服务项目，形成职业教育新的发展点。

（3）推进人才培养模式改革和培养途径优化

突出就业导向、工学结合，促进理事会内学校与行业企事业共同制定专业标准，紧贴产业、行业发展水平和职业岗位需求，逐步实现职业教育人才培养的标准化、规范化，优化技能型人才的培养途径，切实提高职业教育教学质量、学生的技能水平和就业质量。

（4）推进学生不断发展能力和就业素质全面提高

在理事会建立各职业院校的衔接、沟通和弹性学制，实现高职教育与培训的联动发展，满足学生发展的需要；建立理事会内企事业单位优先选择优秀学生制度，构建就业信息网，优化学生就业环境，提高从业人员素质。

2. 理事会成员与机构

凡自愿遵守理事会章程，恪守理事会宗旨，具有独立法人资格的学校、行业协会、有较大影响与较强实力的企业和事业单位等，经申请并经过常务理事会批准后，可成为理事会成员。单位加入理事会的程序：递交申请书及单位基本情况材料，常务理事会讨论通过。

理事会实行单位成员理事会制，由各成员单位组成。各成员单位至少推荐1名代表担任理事，原则上由法人代表或主要负责人担任，理事代表其所在单位参加理事会的活动。

常务理事会是理事会的执行机构，在理事会的领导下开展工作。常务理事会根据需要定期或不定期召开，须一半以上常务理事出席方为有效。办公室设在职业技术学院科研处，是理事会的常设机构（联络机构），具体负责理事会的日常工作事务。

理事会的职责：制定和修改章程；产生和撤销理事会所设的有关工作机构，选举和罢免领导机构成员；研究制定理事会规章制度和工作计划；审议常务理事会年度工作报告；审议和决定其他重大事项。

常务理事会的职责：执行理事会的决议；把握区域经济社会发展态势、产业调整与升级、先进技术应用发展趋势和行业企业发展人才需求，对学校办学定位、人才培养规格等提出建议；讨论与决定校企合作的方针政策与制度；指导专业规划、新专业申报和人才培养方案的制订与修订；协调校企双方人员交流、师资培养，以及企业员工培训、员工技能鉴定与考试、校企资源共享等事宜；争取政府政策和经费支持，协调有关部门优化学校办学外部环境；发挥监督评价职能，听取、审议校企合作办学情况，推动校企之间的实质性合作，检查校企合作项目执行情况。

办公室的职责：筹备组织理事会和常务理事会会议，起草会议文件，撰写工作报告；负责校企合作制度建设，组织开展校企合作；承担校企合作项目的研究工作，总结推广校企合作先进经验；接受和管理理事会单位的资金援助、设备捐赠、合作使用的资产；收集理事会成员的意见与建议并及时反馈；负责理事会的宣传、联络和有关文档管理工作。

3. 理事会的工作任务

（1）实现师资和专业的优势互补，探索教育教学改革，组织对专业设置、专业培养目标、课程改革、教学计划、质量考核标准等方面的研讨和交流，在招生、就业、教学、科研等方面进行有效合作。

（2）实现教育教学资源和企业资源的相互共享，形成校内实习实训、校外企业顶岗实习“一条龙”，为教师到企业参加实践和企业技术骨干到学校担任兼职教师提供支持。大力开展产学研合作，积极探索职业院校人才培养和企业人力资源运作的新模式。

（3）完善“互利共赢、共建共管”的教学实践基地共建机制，通过“订单式培养”和“工学结合”等方式，设立“校中厂”“厂中校”。

（4）联合成立技术与咨询服务中心，进行科学研究和应用开发，提升社会服务能力。

（5）举办毕业生供需洽谈会，满足学校毕业生就业和企业用人的需求。

（6）开展全方位教育培训，提高企业员工整体素质。

（7）举办技能竞赛，建立竞技平台，提高学校学生、企业员工的技能。

4. 理事会成员的权利和义务

理事会成员享有以下权利：理事会成员地位一律平等，有参与理事会重大问题决策的权利；参加理事会的各种活动，对理事会工作有批评建议权和监督权；享有理事会规定范围内的相关宣传、合作和利益分配等方面的权利；理事会成员有优先享用信息交流、教学咨询、科研成果转让、实习实训设施及场地使用等的权利；根据本单位需要，理事会成员有权向理事会提出在教学、师资、培训、实习实训、招生就业、技术服务等方面请求支持和帮助的议案；入会自愿，退会自由。

理事会成员必须履行以下义务：遵守章程及理事会成员之间签订的各种协议；执行理事会决议，为理事会开展活动提供必要的支持；向理事会提供信息资料，反馈行业发展情况，通报相关工作进展，完成理事会交办的工作任务；理事会成员单位间应加强交流、沟通、团结和协作，自觉维护理事会的信誉和合法权益；理事会成员学校须优先为理事会成员单位培养、选送优秀实习生和毕业生，优先为理事会成员单位提供职工培训和技能鉴定等教育服务，优先为理事会成员单位提供科学研究、技术服务等智力支持；理事会成员单位有义务为理事会成员学校提供市场信息，选派专家参与专业建设和人才培养等教育教学工作，传播企业文化。同时为学校专业教师挂职锻炼、学生实习实训和就业提供机会，为教育教学改革试验、试点创造条件。

（二）专业建设指导委员会

专业建设指导委员会成员由政府职能部门有关人员、行业企业负责人、行业企业专业技术人员以及专业带头人、骨干教师等组成，他们应积极参与学校专业设置、教学计划修订、实习实训、毕业环节等教学工作，以及专题研究专业岗位能力分析、专业核心课程开发和专业核心能力体系建设及校内外实训基地建设等重大问题，准确定位专业目标，使学校的教学工作更加符合企业生产实际。

各专业建设指导委员会依托二级学院校企合作委员会，进一步明确职责，全面指导专业建设、课程建设、师资队伍建设及实训基地建设等工作，促进专业与相关企业的深度融合；进一步加强科研团队建设，整合科技人力资源，积极与企业开展横向课题研究，为企业解决技术难题；做好相关学术报告、学术研讨会等活动的组织工作和毕业生就业指导与推荐工作。

此外，学校加强各级运行组织的专职人员及办公场所配备。校级理事会设常务理事会和办公室（秘书处），与校级校企合作办公室合署办公，专职人员负责统筹全校校企合作及理事会日常运行工作；二级学院层面设置院级校企合作办公室，专门配置办公室主任，负责统筹院级校企合作事宜；专业层面由专业主任负责校企合作事宜。这样，三级校企合作办学组织机构的人员配备及运行组织得到了完善，有效打通了“校、院、专业、企业”在校企合作中的良性循环通道，实现了企业和学校顶层设计的对接。

二、职业教育校企合作的制度建设

校企合作在具体实施过程中的问题需由规范制度来约束，需建立一套有效的校企合作管理制度。因此，探讨校企合作制度建设，加强校企合作的规范管理，为推进校企合作可持续发展提供强有力的支撑，对企业和职业教育的发展都具有非常重要的意义。

（一）理事会定期会议制度

理事会、常务理事会建立定期会议制度，形成定期沟通机制，有效加强交流与合作。定期的交流和沟通机制，有助于及时了解双方合作需求，互通政策信息，听取意见和建议，有效加强了政府、院校、行业、企业之间的沟通和联系，为校企合作办学奠定了共识和基础，也创造了更多合作机会和可能。

（二）优惠政策的扶持制度

由于企业在用人方面居于主动地位，当前校企合作的主动权在企业，学校和企业之间还没有建立稳固的校企合作双赢机制。因此，政府在宏观调控政策方面应有相应的配套优惠政策和激励措施，来调动企业的积极性。

应明确企业在职业教育中的义务和责任，要求企业在用人制度上要有职业培训或岗前培训；应不断完善校企合作的保障机制，从政策、法规和人力、物力、财力上给校企合作以强有力的扶持；应进一步深化职业学校人事制度改革，形成开放的用人机制，广泛吸引和鼓励企事业单位工程技术人员、管理人员和有特殊技能的人员到职业学校担任专兼职教师。

成功的校企合作是建立在互惠互利基础上的，合作的目的是“互惠双赢”，应该享有对等的权利与义务。因此，校企合作既要强调企业的义务，也要保障企业的权利，如参与校企合作的企业具有享受税收优惠、人员补贴、科技优先制度的权利，在产品开发、货款等方面享受优惠政策；具有要求职业学校确保企业正常生产秩序的权利，具有要求实习学生尽量为企业节约成本并创造利润的权利，在培养目标、专业建设、课程设置、教学形式、实训实习以及师资队伍建设诸方面具有充分的话语权等。

缺乏法律的保障，企业会担心在校企合作过程中的地位和权利得不到有效保证，从而影响了企业参与校企合作的积极性。因此，必须不断加强、完善和改进相关法律，发展标准和证书制度，以确保校企合作的法律地位，切实维护企业的权益。

（三）专门的协调机构制度

职业学校校企合作的发展受制于区域的经济和教育发展水平，反过来又促进地方经济的发展和职业教育的繁荣。因此，除了健全完善有关政策与法规，政府还应设立专门协调机构来调节、规范和推动校企合作。专门的政府协调机构应充当校企合作的推动者、协调者和监督者。

专门的政府协调机构的主要职能是：（1）研究校企合作的发展规律和存在问题，为制定法律法规和优惠政策提供理论依据和实践指导；加强校企合作管理，用法律形式确保合作关系的稳定；协调校企合作过程中出现的矛盾和问题，探索校企合作的创新模式。（2）引导企业参与校企合作，为职业学校和企业合作提供平台。如搭建合作平台，组织校企合作论坛等，努力创建校企资源共享、优势互补合作机制。（3）监督、评价和激励。监督校企双方协议条款履行情况、企业的合作（服务）态度、专项资金使用情况、校企合作项目进展情况、上报材料的真实性等。组织专家对校企合作成果进行评价，根据评价结果落实参与企业应享的优惠政策和相应的奖励政策，激励企业的参与积极性。

（四）校企共建技术创新战略联盟制度

校企合作不仅是学校与企业的合作，教学与生产实践的合作，也是一种科技与经济相结合的合作行为。

职业学校能否与企业等社会力量紧密合作并共同发展，关键在于职业学校的科研水平。职业学校如果没有高水平的科研队伍、没有技术服务能力强的队伍、没有市场开发潜力大的科研成果，就无法实现校企合作的“双赢”，职业学校在合作中就没有地位、没有优势，企业也就无法真心地、持续地参与校企合作，更无法进行深层次的校企合作。

职业学校应不断更新校企合作理念，大力提升自身的教学质量、科研水平和社会服务水平，应针对企业的发展需要设定科研攻关和研究方向，形成足以吸引企业参与合作的实力和魅力，主动、全方位、多层次地为企业服务，建设以企业为主体、市场为导向、学校和企业共同参与、产学研结合的校企技术创新战略联盟。

通过校企技术创新战略联盟，学校与企业联合开发、优势互补、利益共享、风险共担，并以具有法律约束力的契约为保障；通过校企技术创新战略联盟，达到提升企业技术创新能力，促进经济结构调整和产业优化升级，提升企业的核心竞争力的目标。职业学校和企业都能通过校企技术创新战略联盟实现自己的利益诉求，从而将校企合作变成自觉行为，真正建立起校企合作、谋求双赢的长效机制。

（五）校企共建人才培养培训联合体制度

一些企业存在只选用人才而不参与或很少参与人才培养的现状，应鼓励企业立足长远，树立成熟的合作办学思想，树立打造现代化的“学习型企业”的思想，把参与职业教育、校企合作作为企业上台阶、上档次的重要途径，形成企业与学校共建人才培养培训联合体制度。

学校与企业共同培养学生依据人才市场调研、区域经济发展现状及趋势以及国家的产业政策等，由学校与企业的工程技术人员共同制定人才培养方案、教学大纲，围绕职业能力和素质共同精选教学内容，确定教学方法和手段；学生在企业生产实践与学校学习交替进行，通过学校和合作企业的双向介入，把学生在学校的理论学习、基本训练与在企业的实践学习有机地结合起来，实现校企“零距离”、理论与实践“零间隙”、毕业生上岗“零过渡”，满足企业的人才需求，同时提高学生的职业素质和学校的办学水平。

在合作办学过程中，还要极大地调动企业办学资金投入和资质整合投入的积极性。

学校与企业共同进行企业员工的培训企业内部的教育与培训要形成制度，学校与企业共同对企业的富余人员和已在企业的实习生搞好专业拓展；根据企业产品升级、技术改造的需要，共同抓好员工的转岗培训；共同解决企业亟须解决的技术、管理、生产以及劳动力问题，形成相互依赖的“利益共同体”，使企业切身感受到校企共同培养培训人才的重要性。

三、构建多元化校企合作长效机制

（一）完善政府投入为主的经费保障机制

校企合作与非校企合作相比，需要较高的教育经费和教师力量的投入，教育经费不足的问题就更加明显。针对这一现状，应进一步完善以政府投入为主的多渠道经费保障机制。

1. 政府投入经费保障机制

（1）建立稳定的公共财政投入机制

在最短时间内制定出科学的财政性职业教育投资标准，并根据经济发展变化情况科学调整投资比例，确保职业教育校企合作的发展与社会经济体制相适应。

（2）合理划分对职业教育投入的财政支出

各级政府部门要合理划分对职业教育投入的财政支出，将职业教育经费的支出纳入地方政府的财政运算，按照地区当年的财政收入科学分配投入的比例，在发展职业教育校企合作的同时，保证本地区当年的财政支出平衡。

2. 非政府投入经费保障机制

（1）鼓励民间资本的投入

各级政府应该积极鼓励民间资本以多种形式建立职业教育基金，并利用金融、税收、社会捐助等手段筹措职业教育经费，充分发挥社会力量并保证其能够加入到校企合作办学中。这种做法最大的优势就是能减轻政府的压力，减少政府每年对职业教育校企合作的资金投入。

（2）吸引外资投入资金

吸引外资企业加入到职业教育校企合作办学中，并建立专项基金，保障职业教育校企合作办学的资金运转，保证职业教育发展所需的日常经费支出，进一步完善以政府投入为主的多渠道经费保障机制。

（二）健全职业教育校企合作科研转化机制

1. 改革科研体制机制

鼓励专业教师从事科研与技术开发工作，出台相应的政策，允许教师根据实际情况申请“专职科研人员”，完善专职科研人员的绩效考核制度，充分调动专职科研人员的积极性。鼓励专业教师以各种方式，参加符合学校发展要求、与自身专业对应的国际、国内学术交流与合作。相关费用，通过相应程序进行申请，由专项经费列支。

设立专项经费，加大力度扶持和培育专利技术创新成果，出台相关政策，大力推广与应用专利成果。完善访问学者制度，定期派出专业骨干教师和科技人员到国外（境外）同行和机构取经学习。

2. 均衡校企的利益

均衡校企的利益对于企业和学校而言都是重要的，通过认识学校和企业的利益需求，将企业与学校的发展利益标准相互适应，逐步改善校企之间的利益协同作用，确保学校培养的人才和科研项目符合企业的发展需求标准，逐步完善企业的整体利益平衡标准，实现校企利益的同步和提高。

合作企业需要为人才提供良好的信息需求依据，依照学生岗位进行场所核定，为教师提供科研教学研究条件。学校为企业提供科研成果、技术服务标准和技术人才，为学生提供良好的培训服务内容。在市场经济快速发展过程中，加强校企之间的合作发展，实现校企之间价值的目标合作，确保彼此之间资源的有效发展和保持，提高竞争参与机会的发展。在校企发展合作过程中，学校需要建立良好的合作指导管理制度，对学校的管理层、指导层进行合作规划，逐步完善企业合作规划的资源分配，解决校企合作过程中可能产生的各种问题。校企需要建立良好的合作关系，加强学校管理制度，加强教师的培养和管理。通过建立与校企之间的合作关系，提高考核管理制度，鼓励学生积极参与校企之间的合作，做到择优录取，鼓励教师积极参与校企教学的改革和发展，提高经费的配套管理，鼓励企业开展技术研究，培养教师提高教学发展管理制度，培养双向的教学管理团队，鼓励教师积极参与技术能力的培养，有效地提高教师的资历和资格。教师团队需要具有专业的教学资格，鼓励学校各个体系进行参与合作，整合不同的教学资源，促进学校与企业之间的资源发展和互动，完善企业资源、技术、文化、管理水平的融合提升，推进学校科研管理的发展和转型，为企业社会的发展提供良好的素质标准。

3. 形成良好的社会氛围

职业院校需要加强教学科研的成果转型，改变旧有的观念，面对社会舆论和氛围，逐步做好高等职业院校的宣传管理工作，加强社会氛围的发展，从而提高社会对学校的认可程度。学校需要按照社会需求发展标准进行分析，认识学校与社会合作的重要性，依照教育科研、政府等部门的发展水平，提高学校合作标准，打破原有单位的划分界限，逐步推进学校与企业之间的教学科研管理，促进教学科研水平的有效提升。

（三）建立行业企业参与职业教育办学的运行机制

行业、企业是我国职业教育多元办学格局的重要力量。建立行业企业全面深入参与的职业教育校企合作体制机制是将行业企业需求融入职业教育人才培养，提高职业教育质量的重要环节。

1. 行业企业参与职业教育的形式

我国行业企业参与职业教育可归纳为“学校主体”“企业主体、学校主导”“企校一体”“多元主体”等主要模式，不同的模式有不同的运行机制。

（1）“学校主体”模式及运行机制

“学校主体”模式是基于“政校行企”四方联动，其特点是要求政府、行业、企业、学校在推进校企合作中形成和谐的“生态圈”，坚持政府主导、市场运作、多方投入，由政府引导各方资源，各方利益要合理构架，实行市场化运作，切实为区域产业转型升级培养适用人才。

“学校主体”模式的运行机制是：“政府主导、行业指导、学校主体、企业参与”，这也是行业企业参与职业教育较为普遍的一种运行机制。政府主导是指宏观指导，制定相关政策措施；行业指导是指参与学校制定人才培养方案和规范标准；企业参与是指共育人才、共建专业、共同开发课程、共建共享实训基地、共享校企人才资源、共同开展应用研究与技术服务等；学校主体是指发挥自身优势，提供场地、设备和师资，吸引行业企业参与校企合作。

“学校主体”模式的优点是：有利于改变以往行业企业参与职业教育积极性不高的问题，明确了校企合作中职业教育各举办方应扮演的角色定位，能够充分调动政校行企四方参与办学的积极性，回归了职业教育“跨界性”的本质属性。

（2）“企业主体、学校主导”模式及运行机制

“企业主体、学校主导”模式实质上是一种“双主体”模式，其运行机制是由校企双方共同组建理事会，实行理事会领导下的院长负责制，企业方出任理事会理事长（凸显企业主体地位），校方出任二级学院院长（强调学校主导地位），以理事会章程的形式明晰校企双方的责任、权利和义务，在确保企业盈利和学校育人的双原则下开展合作。

“双主体”模式是一种较为理想的行业企业参与职业教育的运行模式，是在“政校行企”四方联动机制模式上对职业教育“跨界性”的强化，其特点是“企业主体、学校主导”。优点是进一步强化了企业参与职业教育的主体地位，将其扮演的角色定位由“参与”提升到“主体”的高度，并建立了较为明晰的校企合作利益分配机制、奖励激励机制和沟通协调机制。

（3）“多元主体”模式及运行机制

“多元主体”模式是基于现代职教集团的。所谓职教集团是指由若干具有独立法人资格的职业学校及相关企事业单位以契约或资产为联结纽带而组成的职业教育办学联合体。在建设主体上，职教集团属于多方共建型，一般以一所国家示范校为核心，联合地方政府部门、相关职业院校、行业协会及企事业单位等组建而成，具有一定的区域性或行业性。

“多元主体”模式的运行机制是采用契约（集团章程）联结的组建方式，各集团成员保留作为独立的市场主体，成员仍保持独立的法人资格，法律地位是完全平等的，管理机制一般采用董事会领导下的管理委员会制，职教集团本身一般不具有独立法人资格。

职教集团的“多元主体”模式的优点在于有利于职业教育资源的有效整合、融通和

共享，有利于促进职业教育改革和中高职教育的衔接与沟通，尤其是突破了体制上的障碍，能充分发挥行业企业的优势，及时掌握行业的最新标准和相关岗位能力要求及近期就业需求信息等，有利于促进校企合作、强化职业教育与行业企业的联系。行业企业的参与度是衡量职教集团建设水平高低的重要标准，由于职教集团本身不具备独立的法人资格，各成员单位地位平等，集团与其成员单位间没有行政隶属关系，其本身的调控能力、办学自主权、运作资金等都非常有限，尤其是吸引行业企业参与的激励机制还需要进一步完善，政府部门作为独立董事参与职教集团也需要明确自身定位。

2. 建立以行业企业为依托的发展格局

各级政府要通过建立健全相应的工作机制和条件，支持行业在职业教育专业布局、课程教材设计、教学实习、教师队伍建设等方面发挥指导作用，通过财政、税收、保险、产权等制度创新，激励和保证企业参与职业学校办学过程，鼓励“办校进厂”“企业办校”“校办企业”“订单培养”“顶岗实习”“半工半读”“学徒培养”等多种形式的校企合作。

各级政府要积极主动转变职能，下放权力，将行业调研、行业规划、研究制定职业资格标准和技能等级考核以及各类人才的培训指导等事宜纳入行业协会的职能范围，通过各种鼓励、支持性政策，提高行业参与、指导职业教育的积极性。

3. 建立企业参与资源共享的激励机制

（1）从职业院校的角度

职业院校作为职业教育的办学主体，应切实了解企业的具体需要，研究并解决企业在参与职业教育过程中亟须解决的问题，只有帮助解决好企业所担心的现实问题，才能建立双方长期的合作关系。

①科学分析企业的职业教育需求，寻求企业的利益切入点

每个企业都有不同的发展战略，其具体需求也不尽相同，因此，必须科学分析、因地制宜，寻找企业利益的切入点。职业院校应充分考虑企业长期经济和战略目标的需要，把重点支持企业的组织目标和满足企业短期利益与现实需求结合起来。

②积极开发合作项目，为企业提供更多的技术服务和智力支持

职业院校要积极寻求与企业的紧密对接，充分发挥自身优势，有针对性地培养实践技能较强、符合企业需要的技术技能型人才，及时为企业开展各类在职员工培训，提供人力资源保障；建立开放性、多功能的区域性技术服务平台，为区域内行业企业的技术创新提供技术服务和智力支持，从而实现校企资源共享和双赢。

③根据学院发展和人才培养的需要，认真选择合作企业

企业参与职业教育是一种双向选择。在选择企业时要注重企业的规模、技术状况和文化氛围，把有保障的国有大中型企业，以及活跃的有潜力的中小型企业作为选择对象，寻找适合学生发展、有助于学校整体教育质量提高的合作伙伴。

（2）从政府的角度

行业企业参与职业教育。单靠学校一方力量是解决不了根本问题的，这就需要各级政府在政策和制度方面加以引导。政府应当发挥行政职能，在资助、评估和统筹协调等方面发挥主导作用，充分调动企业参与职业教育的积极性。

①制定资金扶持政策，推进政企校共同分担。

一方面，政府要通过专项补助或长期贷款等形式给予企业在职业教育投入上的必要的资金扶持；另一方面，政府要建立校企合作专项资金，主要资助企业的兼职师资队伍建设和课程教材建设；资助职业院校和企业联合设立职业教育实习实训基地、合作建设实验室或生产车间；资助职业院校为学生在实习期间统一办理意外伤害保险；资助接纳职业院校学生实习企业所发生的物耗能耗；对职业院校参与企业技术改造、产品研发、科技攻关和促进科技成果转化给予资助或奖励。此外，在现有的政策体制下，积极探索建立政府、职业院校和企业共同承担职业教育经费的机制。

②制定相关激励政策，调动企业的积极性。

要想企业积极参与职业教育，必须给予企业足够的经济刺激。政府有关部门应制定相关经济激励政策，来调动企业参与职业教育的积极性，并尽快建立奖励机制。

国家要制定鼓励行业企业举办职业教育的具体政策：国家要制定行业企业参与职业教育的具体奖励政策，依据企业参与职业教育的贡献大小，对其进行相应的政策照顾、税收倾斜和相关费用减免。如对直接举办职业教育机构的企业，其缴纳的城市教育费附加可以按一定比例返还企业，用于职业院校自身的建设；企业举办职业院校的办学成本可以计入国有资产回报部分，不影响企业管理层和员工的工资待遇。对于独立举办职业院校或与职业院校合作办学的企业，给予更加优惠的税收减免政策，如在年限上给予所得税照顾或者在所得税数额上给予企业减免。

（3）建立企业教育大型数据库

针对我国国有企业，设立中央数据库及地方数据库，采取统一的软件与信息格式，分门别类收集我国企业课程、师资、培训设备等教育资源。信息在一定范围内面向职业学校公开。

第八章 新时代背景下职业教育师资队伍的建设

第一节 职业教育教学的组织与管理

一、职业教育教学的组织

职业教育教学的组织就是“根据一定的教学思想、教学目的和教学内容以及教学主客观条件组织安排教学活动的方式”。职业教育教学活动中，任务教学、技能教学、项目教学和岗位教学是职业教育教学典型的教学活动，因而这里着重阐述一下如何对这些教学活动进行组织。

（一）任务教学的组织

任务教学过程包括任务描述、任务分析、完成任务、学习评价四个阶段，任务教学的组织可据此过程不同阶段的特点进行设计。

任务描述是对典型任务的描述，目的是让学生了解任务的背景、内容、要求。这里的要求包括时间、成本、安全等。为了让学生对将要完成的任务掌握的信息一致，教师可以采用班级教学的组织形式。

任务分析阶段是完成一项任务所需能力形成的第一个环节，这个环节对于培养学习者接受任务后形成分析的习惯、分析的思路以及严谨的态度都是十分重要的。任务分析是以学生为主体，应用各种信息渠道获得有关信息，结合教材提供的相关知识，对完成任务的途径、方法、成本和时间等进行分析。为了培养学生的创新能力，学生可以根据自己可能获得的条件，选择各种不同的工具和手段，形成完成任务的方案。为了培养学生独立分析问题、解决问题的能力，在任务分析阶段，可以采用个别教学的组织形式。

完成任务是学生按照已形成的方案，按要求逐步实施，通过完成各个实施环节，形成独立完成任务的能力的重要环节。主要培养学习者工作的逻辑顺序、方法的运用、工具的操作以及认真的态度等。在这一阶段仍然需要采用个别教学的组织形式。在学生个别学习的过程中，教师要注意任务的科学性和技术的安全性。

学习评价包括同学间对任务完成情况的评价和教师对学生完成情况和教学目标达成情况的综合评价。可以采取小组和班级两种教学组织形式完成。同学间的评价，为了节省时间，可以采用小组评价的方案进行；教师综合评价可采用班级教学组织形式。

（二）技能教学的组织

技能形成过程一般包括定向、模仿、整合和熟练四个阶段，技能教学的组织要根据技能形成阶段的特点进行设计。

技能的定向阶段是操作活动的气氛、节奏、姿势、动作等在学习者头脑中形成映象的过程。操作定向是操作技能形成过程中的一个重要环节，这个阶段的特点是时间短，但最为关键。准确的定向映象可以有效地调节实际的操作活动，缺乏定向映象的操作活动经常是盲目尝试，效率低下。因此，不应忽视该环节在操作技能形成过程中的作用。一旦定向出现了偏差，改正起来会十分困难。操作技能定向阶段的教学组织，一般采用个体或者小组教学的组织形式。在借助于录像、动画或者图片等教学媒体时，也可采用班级教学的组织形式。

操作的模仿即实际再现出特定的动作方式或行为模式，实质是将头脑中形成的定向映象以外显的实际动作表现出来。模仿阶段要严格要求，不能出偏差，也不要贪眼前速度，而不顾定向所确立的操作规范。因此，模仿阶段教学时，强调学生的模仿操作不能离开教师的眼睛，在教学组织上一般采用小组教学组织形式，关键技能甚至要采用个体教学组织形式。

整合即把模仿阶段习得的动作固定下来，并使各动作成分相互结合，成为定型的、一体化的动作。它是操作技能形成过程中的关键环节，也是从模仿到熟练的一个过渡阶段，还为熟练活动方式的形成打下基础。整合阶段的教学组织不宜采用班级教学组织形式，但没有必要采用个体教学组织形式，小组教学组织形式是比较有效的。教师应主要关注每个人操作的连续性和规范性。

操作的熟练是操作技能最后形成的阶段，是由于操作活动方式的概括化、系统化而实现的。在这个阶段，由于学生的技能已经十分规范，不必关注每一个人的每一个动作，只需要关注学生整体的熟练程度。为了形成学生学习的竞争氛围，宜采用大班教学的组织形式。

（三）项目教学的组织

项目教学的开展，通常会经过项目开发动员、成立项目开发小组、编写项目开发计划书、实施项目计划书、项目评估、项目总结等阶段，在每一阶段需要采取有针对性的组织形式。

在开发职业教育课程的教学项目之前，教师需要积极动员学生参与到教学项目的开发过程之中，同时，要让学生对本教学项目的开发意义与流程、实现本教学项目所需具备的知识与技能、本教学项目完成后的考核办法等进行全面的了解。对此，教师可以采用班级教学的形式，通过案例展示的办法让学生对本教学项目的相关内容进行认知，并进一步激发学生参与项目的兴趣及积极性。

在开发职业教育课程的教学项目时，教师除了要积极引导学生参与到项目开发之中外，还要成立科学的教学项目开发小组。在成立教学项目开发小组时，要充分依据班级的人数、教学项目实现的难易以及教师的实际教学水平、学生的个人能力发展状况等。同时，在每一个项目开发小组中要选出一名组长，负责在教师指导下对本小组的项目开发计划书进行编写、对本小组成员的工作任务进行分配、对工作任务实施情况进行监督等。形式上是小组教学，实际上为了培养项目组长的领导、组织、沟通能力，培养承担不同角色的项目组组员的能力，教师应采用个别教学组织形式，针对学生扮演的角色进行个别教学指导。

项目计划书的编制，需要教师讲解项目计划书的格式、内容、编制方法等。这属于信息传递和知识学习，为了提高教学效率，教师应采用班级教学组织形式和讲授教学法。

项目实施阶段是项目教学法实施的核心环节。在此阶段教师要及时恰当地对学生进行指导，解决学生遇到的难题，并督促学生按时按量完成项目计划书中的各个开发环节，以保证学生顺利地在计划内完成项目的开发，达到教学目标。为了培养学生团队意识、合作能力，教师不宜采用针对个别学生的个别教学组织形式，可采用针对项目小组的个别教学组织形式，这一点与任务教学组织中完成任务阶段教学的组织形式是相反的。

项目完成后要进行项目评估和总结，通常由分组讲解、展示项目开发成果，学生评价和老师评价构成。项目总结包括思路总结和技巧总结。思路总结可以帮助学生明晰项目完成的最佳思考方法，找到自己理论上的不足。技巧总结中，要重视各个开发环节中遇到的难题的解决方法的总结，这样，学生才能学到更多的操作技巧，全面吸收整个项目活动的精髓，另外，教师应该指导学生对项目进行拓展和延伸，针对学生以后可能遇到的类似问题能够想到用该知识进行解决。这里，无论是小组展示、学生的评价、教师的评价，还是项目总结都应采用班级教学的组织形式。

（四）岗位教学的组织

岗位教学一般称作岗位实训，它是学生系统了解企业生产过程、理解企业生产制度、把握职业岗位职责、理解企业劳动制度、熟悉设备的功能与性能、掌握设备操作规程的有效手段。其过程一般包括明确岗位实训目标、系统理解职业岗位、履行岗位职责、形成良好的职业习惯。在对岗位教学进行组织时，可以运用以下几种组织形式。

第一，工业中心教学组织形式。工业中心、实训车间、教学工厂等，都是通过建设一些车间，将一些典型的工作岗位集中到一起，从而形成巨大的岗位教学资源。学生根据自己的时间安排和需要，经教授自己课程的教师同意后，到工业中心领取工装、工具、材料和必要的安全装备，到岗位自行训练。

第二，影子岗教学组织形式。在企业挑选典型岗位的优秀工作人员，将学生安排到优秀工作人员身边，像他们的影子一样，通过协助做他们每天工作，学习他们的优秀职业特质。这是一种十分有效的培养高级技能型人才的教学组织形式。

第三，工作岛教学组织形式。在企业选择一些典型工作岗位，由师傅、教师、学生组成工作小组，负责这个岗位的工作，这便是工作岛教学组织形式。在这种教学组织形式中，师傅在教师和学生的辅助下完成工作任务；教师在师傅的帮助下完成教学任务；

学生通过工作完成学习任务。学生进入工作岛学习的前提是其已完成了技能学习、任务学习和项目学习，具备了上岗学习的能力。

二、职业教育教学的管理

（一）职业教育教学的课堂管理

课堂是学校最基本的教学单位，学校要完成的教育教学工作都要通过课堂去实现。因此，在开展职业教育教学管理工作时，必须做好课堂管理工作。职业教育教学课堂管理是一种协调和控制的过程，是管理的一种特殊形式，是指教师在教学活动中有目的、有组织地通过协调课堂内各种人际关系，吸引学生参与课堂活动，使课堂情境达到最优化，从而实现预定教学目标的过程。

1. 职业教育教学课堂管理的目标

职业教育教学课堂管理的目标有以下几个。

第一，确保有更多的时间用于知识学习，即要保证课堂学习时间的有效使用。

第二，确保有更多的学生投入学习活动。

第三，培养学生学会自我管理，即使学生能管理好自己的学习、情绪和行为。

2. 职业教育教学课堂管理的策略

有效的职业教育教学课堂管理可以调动学生的学习积极性，引导学生投入到学习情境中。为此，教师在开展职业教育教学的过程中需要采取以下有效的策略。

（1）明察秋毫

明察秋毫就是指教师注意到课堂里发生的每一件事。善于“明察秋毫”的教师会尽量避免被少数几个学生吸引或只与他们交流。他们总是扫视教室，与每个学生保持眼光接触。这样，学生就会知道他们一直在受教师关注。这些教师知道是谁在“捣乱”，甚至在板书时也能意识到身后发生的事情。他们能预防小面积的“捣乱”慢慢衍变成大面积的混乱，并且能准确地处理当事者，不会犯“时机错误”（等很长时间才进行干预）。

（2）变换管理

变换管理是指教师采取适当而灵活的进度并多样化变换。有效的教师在课堂教学中能够避免教学内容或教学环节的突然过渡，他在处理各个教学环节方面表现得灵活而不生硬。例如，教师不会在赢得学生注意之前就宣布一个新的活动，或者在另一个活动中间开始一个新的活动。优秀的教师会通过各种方式，如表情、手势、语气、走动、言语等引导学生的注意力，以完成新任务。

（3）一心多用

一心多用指同时跟踪和监督几个活动。这一方面的成功，同样也需要教师不断地监控全班。例如，当教师不得不检查个别学生的作业时，还关照到其他的学生，并督促他们继续学习，使他们不因教师去检查别人的作业而自己装样子、开小差，仍然维持在学习的状态。一心多用要求教师不仅考虑自己的活动，还要关注学生的反应和正在进行的活动。

（4）整体关注

整体关注是指教师使尽量多的学生投入适当的班级活动中。在课堂上，教师应避免把注意力集中在一两个学生身上，要尽可能使所有学生都有事可做。例如，教师可以要求每个学生写出某个问题的答案，教师在班上走动，了解所有学生对知识的理解和运用。

（二）职业教育教学的质量管理

为国家经济社会发展培养高素质的技术应用型人才是职业院校的最根本任务，人才培养的质量关系到职业院校的生存发展，也关系到国家经济社会发展能否得到有力的技术人才支持，而教学质量是决定职业院校人才培养质量的最关键因素。因此，在职业教育人才培养工作中，教学质量管理工作具有非常重要的意义。

1. 职业教育教学质量管理的原则

在开展职业教育教学质量管理工作时，应遵循以下几个原则。

（1）内外结合原则

实践表明，仅仅依靠职业院校的师资、实物等办学资源，依靠书本知识学习，是难以培养职教学生的实用技能和技术应用能力的。要实现职业教育的培养目标，职业院校必须实行开门办学，开展校企合作，将企业的人力资源和设备资源充分利用到人才培养的过程之中。教学不仅局限在学校的教室，也可以到企业的车间去；教学的老师不单是学校的专任教师，还应该有企业生产一线的技术能手。同时，职业教育教学质量的提高离不开学生包括毕业生对教学工作的建议和意见，离不开家长和社会各界的积极配合。可见，只有学校、在校学生和用人单位、毕业生、家长、社会各界内外两方面一起努力，才能造就一大批具有良好职业道德、创新精神和实践能力的高素质技能型人才。因此，职业教育的教学质量管理应该建立以学校和在校学生为主体的内部管理系统，同时，还应建立以用人单位、毕业生为主体，家长和社会各界参与的外部支持系统。双管齐下，推动职业教育教学质量的不断提高。

（2）参与性原则

在开展职业教育教学质量管理工作时，教学质量管理部门必须充分调动相关部门和人员的积极性和创造性，并将质量责任落实到每一位教师和员工身上，使大家都参与到人才培养和教学质量管理中来。全员参与是指所有为提高教学质量所涉及的学校内部、外部人员和学校各级管理组织都要参与到教学质量管理过程中来。学校要通过加强宣传，建立健全制度，使各个部门、教学的各个环节，以及每个成员都增强质量意识，围绕着培养高素质专门技能型人才这个共同目标，积极参与，严格把好各自的质量关，才能提高教学质量和人才培养质量。

（3）创新性原则

职业教育是与社会经济发展联系最为紧密的一种教育类型，而在现代社会产业行业结构和技术结构的调整速度之快可谓空前。社会经济结构的变化必然使职业教育的政策环境、劳动力市场和办学条件发生变化，这必将带来职业教育专业结构、人才培养模式和目标、教学内容等方面的变化，相应地，教学质量管理的模式和方法就需要改革创新。

（4）就业导向性原则

以服务为宗旨，以就业为导向是我国职业教育发展的大方向。职业教育在很大程度上就是一种就业教育，“使无业者有业，使有业者乐业”应该是职业教育的最终目标。毕业生就业率是职业教育教学质量的最终体现。因此，职业院校在教学质量管理中要关注区域经济发展的要求，根据各专业人才培养规模变化、就业状况和供求情况，主动适应区域、行业经济和社会发展的需要，根据学校的办学条件，调控与优化专业结构布局，创新培养模式；要积极与行业企业合作开发课程，根据技术领域和职业岗位（群）的任职要求，参照相关的职业资格标准，改革课程体系和教学内容。建立突出职业能力培养的课程标准，规范课程教学的基本要求，提高课程教学质量。改革教学方法和手段，融“教、学、做”为一体，强化学生能力的培养，提高毕业生质量，努力实现高就业率。

2. 职业教育教学质量管理的内容

职业教育教学质量管理，包括以下几个方面的内容。

第一，教师教学工作质量管理，包括师德师风、职业教育观念、教学效果、教研能力等方面的状况。

第二，学生学习质量管理，包括学生的思想道德水平、公共文化基础、专业知识和技能以及自我学习、与人交往、心理调适等方面的状况。

第三，教学资源质量管理，包括教室、实训场地和设备、教材、图书资料等满足教学需要的状况。

第四，教学组织和管理质量管理，包括人才培养方案、课程标准、课程安排表的科学性；课堂教学和实践教学环节的组织和管理的科学性；教学评价的组织和管理的科学性、有效性等。

第二节 职业教育教师的角色与素质要求

一、职业教育教师的角色

（一）对以往教师角色的反思

教师作为人类社会中最古老的行业和职业之一，在整个社会发展过程中充当着继往开来的重要角色，被誉为“春蚕”“蜡烛”“人梯”“铺路石”“园丁”“托起太阳的人”“人类灵魂的工程师”等。反观这些传统的教师角色的隐喻，我们发现它们更多的是强调教师职业的外在价值以及这一职业所承载的社会功能，注重社会对教师职业的工具性价值需求，并未关注教师内在的自身发展需求，如教师自我专业知识、技能和职业素养的提升，自身生命质量的价值感受等，因而教师本人难以感受到因从事这一职业带来的尊严与快乐。仅有对教师职业角色的外在工具价值的认识，不能成为教师职业发展的内在动力。

通过“园丁”“工程师”这些隐喻，我们还可以感受到传统的教师角色让教师不自觉地在学生面前扮演着主动者、权威者、支配者的角色，学生成了被动的学习者、服从者，不可能有很多的自主权，在“园丁”和“工程师”们整齐划一标准的修剪和铸造下，个性迥异的学生们的问题意识和创新意识受到压抑，他们不能和教师在平等的基础上交流、对话，更不可能充分发挥自己的潜能，生动活泼自由地发展自己的个性。

因此，在对传统教师职业角色进行反思的基础上，有必要重建新型的教师职业角色。

（二）新型教师角色的重建

新时期理想的教师应该扮演以下几种角色。

1. 民主型的组织者

随着现代科技的发展，教师在知识领域拥有的权威地位逐渐丧失，网络教学的介入，更使学生获得知识的信息渠道呈现出多样化的特点。职业院校学生对新信息的敏感度高，但对学习的参与热情不高，学习动机弱。这就要求职业院校的教师审视自己以往的经验，做一个民主型的组织者，承担起激发学生学习动机、促进班级活动与课堂教学、指导学生进行学习活动、使学习得以深入等新型的责任，给学生充分的自主权，让学生去探究、去活动，给学生营造一个广阔的发展空间。

2. 学生个性发展的促进者

多数职业院校的学生学习成绩、道德素质和情感态度都有进一步提高和培养的空间。特别是一些家长把自己在家难以管教和约束的子女送到学校来，其目的就是希望学校能在培养他们的子女掌握一技之长的同时，优化孩子的个性品质。与其他类型的学校相比，职业院校教师所担负的责任更为重大，在教学过程中要关注学生的情感、态度、价值观等，全面促进学生的个性发展。

3. 学生学习的协作者

建构主义学习理论认为“协作学习”对知识意义的建构起着关键性的作用。职业教育重视对学生实际动手能力的培养，“做中学”是职业教育的特色，因此更强调学生之间、师生之间的协作交流，以及学生和教学内容与教学媒体之间的相互作用。有效地安排组织协作也是建构主义教学的关键性因素，学生在完成指定的学习任务后，教师可以根据不同的教学目标，按学生的能力和个性差异，将学生分成若干学习小组，采取多种不同的协作方式，要求他们共同完成学习任务。这个过程中，教师也要参与学生的小组讨论，并给予指导、帮助和评价。

4. 教育教学发展中的反思者和研究者

职业院校为了适应社会需求的变化，所设置的专业往往更新较快，这也导致教材教法缺乏，因此要保证教育教学的质量，就要对教学的内容进行深入研究。职业院校学生作为基础教育中的特殊群体，心理困惑、心理冲突较为突出；职业教育作为一种开放式教育，学生是否愿意上学全凭个人意愿，国家并无法律约束，学校更没有约束力，职业院校学生厌学甚至流失现象非常普遍，教师也非常有必要对学生问题进行研究，反思自己的教育教学方法，以寻找合适的对策。

（三）教师的角色冲突

除了教师职业对教师所要承担的角色进行规范外，社会还对作为“社会人”的教师提出了角色期望。社会对教师提出较高的多重角色期望，如教师要成为社会的代言人、成为好父母和好子女等，而建立于“人民教师”基础上的角色定位，让教师承担着“学生的表率”“公民的模范”之类的角色压力。这些社会角色和教师的职业角色融合在一起，构成了教师的角色集合。这个集合中，各种角色之间既有交叉，又相互独立，教师要在这纷繁复杂的角色之间进行转换，当外界的变革加重这种角色压力，而教师在短期内又无法迅速调整时，就会出现角色冲突。

1. 多种角色同时提出要求产生的冲突

现在的学生生活在大众传播媒介迅速发展的时代，这些大众传媒以其内容丰富、形式多样、传递迅速、生动形象等特点，传播着各种知识、规范及行为方式，学生常常以自己得到的新信息嘲笑教师所传授的旧知识，这种状况在一定程度上改变了教师与学生在知识占有上的地位关系，动摇了教师的知识权威地位，迫使教师不断汲取新知识，而许多教师因为时间的压力处于知识传授者与知识汲取者的冲突中。再有就是处于学校管理最低层次的教师与担任班级管理最高领导的教师是每一名教师必须承担的两种角色，这两种角色集于一身往往造成扮演者的心理冲突，学校的各项制度、政策、规定都要靠班级管理者——教师的传达和贯彻，然而学校的政策规定与学生意愿之间常常发生矛盾。

2. 多种角色行为规范互不相容产生的角色冲突

在教师的社会角色中，他作为社会代言人往往以社会的价值观进行判断，而在教师的职业角色中，他又是家长的代理人，要求教师站在学生家长的角度看问题。管理者与朋友的冲突也存在于教师身上，管理者往往具有一定的权威，教师作为学生的朋友是以公务情感为基础的朋友，对于很多教师来说，很难同时扮演好这两种角色。

3. 单一角色内部的冲突

面对心理和行为问题都比较突出的职业院校学生，教师要关注他们的个性健康发展，社会和职业常希望教师能成为学生的心理辅导者，但是在这一角色上，教师有着太多的冲突：一是时间紧；二是学生多；三是教师缺乏心理辅导的知识和技能；四是教师自身存在各种各样的心理问题。

二、职业教育教师的压力

职业院校教师的职业压力主要源于以下几个方面。

（一）学生的不良行为

职业院校的学生主要有四类：一是学业基础差，有学习意识但自信心弱；二是喜欢动手钻研，对技能操作感兴趣；三是染有不良习惯，被家长“托管”在职校混天度日；四是对学习根本不感兴趣，只为混文凭。学生中有一半的人不爱学习，有一部分想学但底子太薄，还有一部分只对技能操作感兴趣，对理论学习不感兴趣。由此可知，职业院校的学习氛围非常淡薄，教师很难体验到工作的乐趣，难以体验到为人师者应该得到的尊重，工作热情受到极大打击。再有一些学生染有不良的行为习惯，给学生管理工作带来了极大的压力。特别是寄宿制学校班主任从早到晚地忙于纪律、卫生与安全等，唯恐学生发生问题，曾有一位女教师自从担任班主任后，长期处于不该睡觉时想睡觉，该睡觉时睡不着的状态。学生不良行为时有发生，不仅让学管人员整日提心吊胆，也让任课教师丧失了信心。

（二）学校生存的压力

由于学历需求盲目趋高等，许多职业学校面临着“就业难，生源减少”的困境。而毕业生一旦就不了业或学校招不来学生，学校就面临倒闭。不少学校将招生任务分配到每个教师的头上，并且与教师的工资、奖金、职称评定挂钩，招生艰难也给教师带来很大的压力。

（三）自我发展的压力

随着科技的发展与市场的变化，学校的学科设置也在发生变化。这就要求教师改换专业或是加深专业知识技能，需要教师再深入系统地学习，否则可能就面临被淘汰的危险。但学校一般又不愿让教师离岗进修，教师只能自己平日加班加点，一边教课，一边学习新知识，或是利用假期进修，工作压力、精神压力都让人难以承受。

此外，人际关系、角色冲突、教育改革等也都构成了职业院校教师的压力来源，当教师长期处于高水平的职业压力下，却无法有效解决的时候，就会产生职业倦怠感。所谓职业倦怠，是一种源于工作压力而产生的情绪衰竭、态度消极、行为消沉的不良心理适应状态。处于职业倦怠期的个体，情感处于极度疲劳状态，工作热情丧失；以消极、否定、麻木不仁的态度对待自己的同事或学生；出现较强的自卑感和失败感，消极评价自己工作的意义与价值，工作效能感降低。

三、职业教育教师的素质要求

职业教育教师的素质结构是指职业教育教师所具备的各项素质要求，以及它们之间稳定的联系方式。职业教育教师要想使自己的作用在工作中发挥到最佳状态，必须具备以下各项素质。

（一）思想道德素质

思想道德素质是职业教育教师整体素质的核心内容，也是其工作的精神支柱。它决定着教师职业活动的方向和态度，影响着教师文化专业素质等的发挥，并且直接关系到学生政治思想品德的形成。

1. 优良的思想素质

在我国，职业教育教师应当具有坚定的共产主义信念和强烈的爱国热情。因此，职业教育教师应该不断提高自己的思想政治和政策水平，自觉地运用辩证唯物主义和历史唯物主义的世界观和方法论，认识和掌握人类社会发展的客观规律，热情地传播并勇敢地捍卫真理，推动社会进步。

2. 崇高的职业道德

教师的职业道德简称“师德”，一般是指教师在教育活动中必须履行的行为准则和规范，是一个教师对社会和受教育者所承担的道德责任和义务。教师的职业道德是一种强有力的教育因素和教育手段，它制约着教育目标的实现和教育事业的发展。具体表现为：热爱职教，爱岗敬业；尊重学生，严而有爱；尊重同事，团结协作；以身作则，为人师表。

（二）文化专业素质

连接教师和学生的一条重要纽带就是知识，职业教育教师的文化专业素质会对其教学过程产生极为重要的影响。具体而言，职业教育教师在文化专业素质方面的要求有以下几点：

1. 广博的文化基础知识

在知识体系中，文化基础知识是最为稳定和持久的一个部分，是所有知识的基础。对于职业教育教师而言，拥有广博的文化基础知识是必要的，而广博的文化基础知识除了包括与其专业相关的自然科学之外，还包括社会科学知识和哲学人文方面的知识。

2. 扎实的专业知识与精湛的技术技能

职业教育专业教师一般都是“双师型”教师。首先，教师应该对本专业的理论知识非常精通，对其专业的历史渊源、现在的发展状况以及未来的发展趋势都要非常熟悉。其次，随着职业的不断变化，教育职业的专业设置也在不断地调整，所以，职业教育教师还要对本专业的技术技能有所掌握，培养自身较强的实践动手能力，而且要树立终身学习的观念，不断地学习新的知识和新的技术，这样才能满足职业教育培养兼有专业理论与操作技能的人才的需要。

3. 较强的解决生产实际问题的能力

职业教育有一个非常明显的特征，那就是它与生产活动是紧密联系的，教师在这个联系过程中要起到连接教育和生产的作用，所以，职业教育教师应该拥有一定的生产经验和解决一些生产实际问题的能力。然后，随着社会主义市场经济体制的不断完善，职业教育教师还需要具有一定的市场经济意识和经营管理能力。只有做到这些，职业教育教师才可以更好地适应社会的发展。

（三）教学科研素质

教学和科研对于职业教育教师的重要性就像翅膀对于鸟儿一样，教学和科研要相互配合。职业教育教师要具备一定的教学科研素质，主要包括以下两个方面的内容。

1. 高超的教学能力

作为教育者，教师的教学能力首先也主要在教书育人的教学行为上得到体现，教师的教学行为是对其教学水平的直接体现。职业教育教师需要具备的教学能力主要包括对教学信息进行加工的能力、对教学信息进行传导的能力以及组织管理能力等。

2. 基本的教育科研素养

职业教育科学研究是一种以科学理论为指导，运用科学研究方法，揭示职业教育规律，解决职业教育发展中存在的问题的活动。从教育科学理论体系的创建和发展与教育实践所存在的联系来看，首先，教育实践是教育科学理论发展的直接动力和源泉；其次，教学理论的科学性和可行性又对教育实践的检验有所依赖。所以，只有从事教育实践的人，才拥有促进教育理论的丰富和发展的条件。教育实践的主体是职业教育教师，他们是最容易发现职业教育中的问题的人。具备良好教育科研素质的教师不仅对于教育科学的繁荣有所助益，而且有利于改善教育教学质量。

第三节　职业教育教师的专业化发展与管理

一、职业教育教师专业化发展的含义

职业教育教师专业化是指职业教育教师职业具有自己独特的职业要求和职业条件，有专门的培养制度和管理制度。职业教育教师专业化的基本含义包括以下几个方面。

（1）教师专业既包括学科专业性，也包括教育专业性。国家对教师任职既有规定的学历标准，也有必要的教育知识、教育能力和职业道德的要求。

（2）国家有教师教育的专门机构、专门教育内容和措施。

（3）国家有对教师资格和教师教育机构的认定制度和管理制度。

（4）教师专业发展是一个持续不断的过程，教师专业化也是一个发展的概念，既是一种状态，又是一个不断深化的过程。

二、职业教育教师专业化发展的主要措施

应根据各职业院校教师队伍的实际情况，建立教师梯队，强调分层管理，对不同层次的教师提出不同的要求，实施不同的培养措施，从而使每一位教师的专业水平，都能够在原有基础上得到不同程度的提高，为形成专业化教师群体奠定基础。

（一）立足教师个人发展，制订每个教师的个人发展计划

教师依据自身情况和专业化成长的需要，制订专业化发展计划，可以从以下三方面入手。

1. 正确定位

教师的个性不同、环境不同、所受的教育不同，使得教师的价值观、教育观、思想方法具有明显的差异性。因此，在专业发展上，同样要体现“以人为本”的思想，不搞一刀切。教师要为自己正确定位，专业发展的方向必须因人而异；如果强人所难，只能事倍功半，或者是捡了芝麻，丢了西瓜。

2. 不断学习

在知识经济时代与信息社会，知识更新周期大大缩短，教师是教育的思想者、研究者、实践者、创新者和需要不断发展的专业工作者。作为传播知识的使者，面对着知识的快速发展，科学技术的日益进步，教师不仅钻研精深的专业知识，领略前瞻的教学思想，还要涉猎社会自然百科，不自封，不自傲，终身学习，变“一桶水”为“长流水”。每个教师都要确立终身学习、全程学习、团体学习的观念，做到工作学习化、学习工作化。

3. 积极探索

学生不缺理想，不乏智慧，不少计划，但大量缺乏的是踏踏实实的行动。实践的过程是漫长的，可能还充满着困难与挫折，甚至伴随着痛苦与折磨，所以要有百折不挠的精神；实践的过程是寂寞的，没有轻松浪漫，没有掌声鼓励，所以要耐得住寂寞，经得起考验。

职业院校根据教师确定的目标和措施，有针对性地把握全校教师的整体发展方向，然后将学校确定的培训目标与教师个人申报相结合，确定骨干教师梯队各级目标对象，进行培养。

（二）注重校本培训，关注教师的实际需求

职业院校通过征求和收集教师的建议，积累校本培训的第一手资料，为确定校本培训工作的内容和形式提供依据。对教师进行校本培训，是职业院校促进教师专业化发展的一项重要工作。在内容上，职业院校要根据教师在专业知识与技能方面的弱势，将校本培训与教师的实际需求相结合；在形式上，将校本培训与建设教师梯队的需要紧密结合，分层培训，采取专家培训和自我培训相结合，走出去与请进来相结合，使不同层次的教师得到不同程度的提高。

（三）为梯队各级教师搭建展示的舞台

构建梯队的最终目的是建设优秀教师群体，促进教师专业化发展，在这个群体出现的过程中，职业院校为不同层次的教师提供不同的展示空间，通过让骨干教师多上展示课、指导课，结合自身特长举办讲座等活动，使不同层次教师的特长得到展示，从而达到互相交流、共同提高的目的。

（四）创造条件让教师在实践中锻炼和学习

职业院校的教师更强调实践动手能力，鼓励教师去做。这里的“做”不是传统意义上的教学行动，而是以研究的态度去做，去实践。研究教学课程，研究教学策略，研究技能，

更要研究学生，研究他们的心理、学习状态、个性及其转化矫正的方法。在研究性的教育实践中，提升自己的教育教学能力，练就娴熟的教学技艺和实际操作技能，形成适合自己个性特征的教学风格和模式。

三、职业教育教师专业化发展的实施

职业教育教师的专业化发展，应包括个人层面和组织层面的发展。

（一）教师个人层面的专业化发展

教育是一个使教育者和受教育者都变得更完善的职业，而且，只有当教育者自觉地完善自己时，才能更有利于学生的完善与发展。因此，教师要终身学习、终身发展，不断更新、演进和丰富自己的素质结构，实现自我超越和可持续发展，才能很好地完成教书育人的重任。

1. 制订职业规划，明确发展方向，做到个体有目标、学校抓落实

职业教师专业化发展主要在教学专业与教育专业两大方面。

（1）教学专业方面

首先是专业知识，即与所任教学科相关的专业知识。一方面要巩固以前所学的专业知识；另一方面要不断更新已学的专业知识，使之能跟上时代的步伐。

其次是专业能力，教师不但要发展教学专业知识，更要发展教学专业能力。没有教学专业能力，就没有上课的完善；没有教学专业技能，就没有辅导的完美。换句话说，要想教学日臻完善，就必须发展教学专业能力。

（2）教育专业方面

教育的专业发展包括以下几点：第一，专业理想。教师为什么样的目标去奋斗，为什么样的梦想去拼搏；应该当一个什么层次的教师，做一个什么品位的教师。第二，专业思想。教师都必须产生自己的教育专业理念，形成自己的教育专业思想，而且还必须不断更新自己的教育专业理念，发展自己的教育专业思想。第三，专业品格。为了教书育人，教师必须不断探索，不断创新；为了为人师表，教师必须加强自我修养，提升自身品行。第四，专业智慧。教育是一门科学，科学需要智慧。所以，教育需要智慧。智慧来自先进的教育理论，源于坚实的教育实践，源自先进的教育理论与坚实的教育实践的融合。

2. 教师要主动到企业锻炼

新的技术、新的工艺，最先是在企业中使用，从企业到职业院校，走进课堂这个过程往往是漫长的。书本上所谓新技术、新工艺，在企业里，在生产过程中，往往已经不是新的了，甚至是过去时了。因此，很多书本上的知识是滞后的知识。所以，技术的更新、工艺的改变，只有到企业去，才能了解到。这些在职业院校、在实验（训）室里是无法了解和掌握的。

教师要想尽快掌握最新的知识、最新的技术，只有到企业去，在生产一线中，学习

最新的技术、最新的知识，通过在生产过程的锻炼掌握最新的技术，提高自己的技能，提高工艺水平。教师在不影响正常教学的前提下，可以自己联系企业，也可由职业院校联系企业，多到企业去学习、锻炼。这对于提高自己的技能，了解行业发展等有直接的推动作用。

由于每一次到企业的时间都是有限的，教师要带着问题到企业去，制订好实践锻炼的计划。做到有的放矢，目的明确，重点突出，充分利用好时间和机会。

3. 教师要主动到实验（训）室工作

教师要主动到实验（训）室工作，在完成教学（理论或实训教学）后，还应该多到实验（训）室去操作，训练自己的技能，精益求精，不断提高自己的技能，把理论知识应用到实践中去。

教师大多是从职业院校毕业后直接来到职业院校工作的，理论水平确实不错，但是，由于没有经历过生产的磨炼，往往技能欠缺，技术不熟练。即使是在企业工作过的教师，由于离开生产一线后，技艺开始生疏，也需要经常到实验（训）室温习，经常操作设备，保持较高的技能水平。更何况新技术、新工艺不断出现，也需要教师不断学习，研究新的工艺。职业院校的实验（训）室是教师提高技能的好地方，教师在完成教学任务后，还要在实验（训）室里花费大量的时间，用以提高自己的技能。

4. 主动学习相关知识，扩大自己的知识面

职业教育的性质决定了职业教育教师既要有精深的专业知识，又要有广博的文化科学知识。只有具备了深而广的知识储存，教师才能视野开阔、才思敏捷，讲起课来才能左右逢源、游刃有余。因而，对于专业知识，教师不能仅限于达到教学大纲中所规定的知识水平，教师的知识应该比教学大纲有更宽的范围和更大的深度，才能在教学过程中把自己的注意力主要投放到学生的思维过程以及思维中遇到的困难上，而不是集中在所讲授的知识本身；才能做到把握全局，唤起兴趣，使教学不再是生硬的知识灌输，而是诉诸学生的理智和心灵，这才是教育职能的核心所在。

5. 综合素质的培养

综合素质是一种难以测量、非数据化的综合的东西，不是通过程序化的学习就轻易掌握的，它是把各种知识通过有目的的实践行为冶炼成的一种能力。综合素质是知识积淀和内化的结果，是一种相对稳定的心理品质，具有理性的特征；同时，它又是潜在的，是通过外在形态（人的言行）来体现的。因此，综合素质相对持久地影响、左右着人对外界和自身的态度，即具有相对的稳定性。这种综合素质就是在敬业和知识基础上的综合能力与情商。

教师不能只关心自己的专业发展，而忽略社会的发展。除了要关注专业发展情况外，还要关注社会各方面的发展。具备一定哲学、历史、经济等方面的知识；处处要注意教师的形象，为人师表需要优良的师德、极高的综合素质。

（二）组织层面的专业化发展

加强教师的职业培训，促进教师的专业化发展，既是职业教育自身发展的必然要求，也是职业院校提高教育教学质量的重要措施。为此，职业院校要根据教学的要求，从实际出发，坚持立足国内、在职为主、形式多样、讲究实效的培训模式。

教育的过程本身也应是一个终身学习的过程，这就要求教师不能把学生毕业作为教育的终点，而应视为起点，以跟上时代的需要，不断充电，不断更新自己的知识储存，坚持以终身学习为目的，像海绵吸水一样，汲取人类文化和科学发展中一切优秀的东西，不能有丝毫的懈怠。

四、职业教育教师的培养

“双师型”教师的培养是我国职业教育教师专业化发展过程的一个新生事物。目前，对职业教育教师的培养主要是向这个方向发展。

职业教育“双师型”教师的培养，应主要从观念的改变、师资的来源以及制度的保障三个方面加以把握。

（一）转变观念，提高认识

1. 教师自身应积极转变观念，积极主动争取成为“双师型”教师

部分高职院校教师自身的观念落后。一部分教师只是一心搞学术研究，认为理论知识的学习才是最重要的，不愿接触实践，不懂与时俱进。还有一部分教师仅重视技能，认为技能才是最重要的，他们不愿提高自己的理论知识水平，进而提高学历层次。因而，要更好地建设“双师型”教师队伍，教师自身首先要转变观念，统一思想，认识到成为“双师型”教师的重要性和必要性。高职院校的教师不但要拥有一般教师所具有的“传道、授业、解惑”的能力，还要拥有技术应用能力，并能把理论与实践相结合。“双师型”教师要想培养出综合素质较高的人才，自身应先具备多方面的素质和能力，提高自身综合能力。

2. 学校也要转变观念，校领导要加强对“双师型”教师队伍的认识

转变观念，提高认识，是加强“双师型”师资队伍建设的基础。目前，部分高职院校领导对“双师型”教师队伍建设的重要性认识不足，他们还没有充分认识到“双师型”师资队伍建设的必要性，也不重视“双师型”教师的培养。职业教育具有特殊性，不是具备一般意义上的教师素质能胜任的。因而，领导要转变观念，重视“双师型”教师队伍的建设，充分认识到“双师型”教师队伍建设的重要性，高职院校应把“双师型”教师培养纳入院校发展总体规划之中，确立相关制度，保障培养经费，制订一系列建设规划，树立全新的理念，充分调动教师发展的积极性。

（二）多种途径，加大建设“双师”力度

1. 在源头上对新进教师严格把关

高职院校“双师型”教师培养的主要途径是在职教师培训，虽然这种方式时间短，

见效快，但从长远来看，不能从根本上解决“双师型”教师队伍建设的问题。要想真正从根本上解决问题，就要把好新进教师的入口关。要吸收那些已经具备职业教育教师素质并且经过一定的专业实践训练的“双师型”教师，充实到教师队伍中来，以提高教师队伍素质。

2. 培养与引进相结合，建立专兼职结合的“双师型”教师队伍

高职院校要对本校的专业课教师进行培训，加强教师专业技能和实践能力培养，以全面提升教师的技能。同时，为弥补高职院校教师短缺的问题，提高“双师型”教师的比例，要积极深入到企业单位，将那些既有一定理论水平，能够从事教学工作，又有熟练操作技能的能工巧匠充实到教师队伍中来做专职或兼职教师。这样的人才有丰富的经验和技能，能够快速成为“双师型”教师，这样，不但能改善教师实践经验少、技能短缺的现状，还能对现有教师起到“传、帮、带”的作用。同时，专职教师也可以帮助和引导他们，提高他们的授课技巧。这样培养与引进相结合，互相帮助，取长补短，就能逐步建设一支教学水平高、实践能力强、专兼职相结合的“双师型”师资队伍。

3. 建立产学研一体化的交流机制

产学研相结合是一个促进知识相互扩散、相互集成，进而推动知识创造的过程。“产”为知识创造提供了实践锻炼和应用的场所，“学”为知识创造提供了不断更新的途径，而“研”则为知识创造提供了动力。通过产学研相结合，可不断地创造出新知识、新技术，又能使这些知识和技能得到实践的检验，保证知识的不断形成和积累。

4. 实行高等职业院校与企业联合办学

调动企业参与“双师型”教师培养的积极性，实行高等职业院校和企业联合办学，是高职院校“双师型”教师队伍建设发展的必然结果。通过联合办学，学校可以依托企业改善自身实践能力不足的情况。同时，企业也可以利用学校的新能源、新技术，增加自己在市场竞争中的优势，企业和学校相辅相成，共同发展。

五、职业教育教师的管理

（一）抓好教师思想建设，塑造高质量的师资队伍

教师的根本职责是教育好年青的一代。要成为一名合格的职业院校教师，应具备良好的综合素质。只有优秀的教师，才能培养出优秀的学生，这既是教学的基本目的，又是评价教师的基础。一定要重视教师队伍思想建设。

首先，教师的教育性特征决定了教师应具备较高的思想政治素质。教师的思想政治素质决定着教师职业活动的方向、态度和教师的工作效益，也深深影响着学生思想品德的形成。因此，教师要忠诚于人民的教育事业，要不断提高思想政治素质和业务素质，增强实施素质教育的自觉性，教书育人。

其次，教师应具备良好的职业道德。教师要热爱教育工作，树立正确的教育观、质量观和人生观，关爱学生、诲人不倦，严于律己、为人师表，与学生平等相处，尊重学生人格，要有团结协作的精神。

再次，教师还要有广博的文化科学素养和业务知识，具备较高的教育、教学能力，具有终身学习的自觉性，掌握必要的现代教育技术手段，要遵循教育教学规律开展教学工作，积极参与教学科研，在工作中勇于探索创新。

最后，教师个人的言谈举止、仪容仪表也应注意，教师是学生的榜样，教师的风度仪表对学生具有示范性。

为建设一支思想过硬、业务素质高的教师队伍，学校管理者要重视教师思想的教育提高，通过学习职业教育理论，及时了解职业教育发展的要求，了解社会经济发展的动态，掌握新知识，适应职业教育教学改革的需要。对教师的开会学习、教研活动要在内容和形式上做认真的准备，通过抓教师思想素质的提高，不断强化教师的育人意识，提醒教师时刻牢记职业使命，增强责任感和提高自身修养的自觉性，塑造高质量的教师团队。

（二）重视教师培训质量，构建真正的学习型组织

学校教学质量的高低，主要依赖于教师的知识能力、技能水平和工作动机，而教师的个人成功则依赖于不断有机会去学习和实践新的知识和技能。要实现学校生产率的最大化，管理者必须重视提高教师群体的质量。教师培训是提高教师群体素质的有效途径，是职业院校开发利用教师资源的主要手段，也是学校人力资源管理实现培养、促进教师个体发展目标的基础保证。

所谓教师培训是指学校为了使教师获得或改进与教育教学工作有关的知识、技能、动机、态度和行为，以利于提高教师工作的绩效和实现教育目标，所采用的有计划、有系统的管理措施。

对人力资本的投入实践证明，教育是形成人力资源的关键。高职院校要把对教师队伍的培训当成一项投资，而不是普通的福利，更不是负担。学校每年要保证一定比例的培训经费用于教职工的培训。为了使教师能够胜任时代赋予的新职能，不仅要使教职员工培训体系具有终身培训的性质，还要通过管理者的重视和引导，激发教师参加继续教育培训的积极性和主动性。同时，学校内部的培训也应实行制度化管理。通过培训、制度化和价值取向等手段向教师传递和落实学校文化的要求，塑造在理念和行为上与学校发展要求相一致的教师队伍。

培训的针对性非常重要，有效的学习实践能让教师实现“质”的飞跃，当教师开始一个基于普通知识的实践，并应用他们的知识使实践变得有效时，教学就成为专业。因此，对教师的培训要突出针对性和参与性，学校可根据教师队伍的情况和阶段性工作的需要来设置培训的内容和方式，提高教师培训的质量，根据教师的实际问题有针对性地进行解决，促进教师开发的有效性。

（三）强化教师在职业教育岗位实现自我价值的意识

教师自我价值的实现最明显的特征就是培育出人才，强化教师在职业教育岗位的自我价值意识，需要在以下两方面做出努力：树立科学教育观念，正确认识教师价值；预留教师主体发展空间，拓展教师发展观。

培育出大量的高技能专门人才，以满足社会各行各业对高素质的劳动力的需求，从而促进社会经济的发展，这就是职业教育工作者自我价值实现的最大意义。所以，学校人力资源管理要让教师树立科学教育观念，认清自身的价值，个人的努力与学校发展乃至对社会的发展都有着不可分割的关系。使教师们认识到从事职业教育工作不仅是为了谋生，更是为了崇高的职业教育事业和个人的发展。学校在对教师的管理上要强调学校教育目标与教师个人目标的一致性，营造良好的学校文化氛围和上下一致、同心同德的价值取向，形成事业留人、感情留人、待遇留人的良性人力资源管理。做到既留人，又留心，使教师真正用情、用心、用力地工作，实现个人进步、学校发展。

职业院校教师身上体现着劳动方式的个体性和教育成果的集合性。然而，教师的教育成果又不是孤立的，它是学校全部工作的综合效应，有赖于教师集体的共同努力。由于培养人才的周期性和滞后性，教育影响所产生的社会价值，即教师的劳动成果及教师为改进教学所做出的种种尝试，往往要在学生进入社会并为社会做出贡献之后才能最终体现出来，因此，对教师的价值评价呈现出复杂而不稳定的状况，对此教师要有充分的认识。

（四）运用激励效应，实现教师资源开发利用的最大化

教师具有潜质，如何调动、激发出来是人力资源管理的关键。知识和智力集结于教师的脑内，工作成果凝结在学生身上，教师潜质的大小难以标准化衡量。教师的一举一动都是生动的教育实践，成果不光在课堂上，也在课堂外，教育讲究言传身教，春风化雨，润物无声。人力资源管理者要让教师在认识自身责任的基础上，充分发挥个人的主观能动性，创造性地使用内在的知识和智能。对教师资源的开发，不能依靠口号、说教、数字式的指针管理，教师行为的有效改变通常源于内在的激励，而不是外部的压力。

激励就是通过物质、精神的手段刺激并满足人的需求，调动人的工作积极性和充分发挥人的聪明才智，即从体力和智力两个方面来增强人们行为的强度，对职业院校的教师而言，智力方面更为重要。激励有物质激励和精神激励两种。

通过对教师的能力、态度、需要等方面的激励，满足教师各种合理的需要，教师就能产生实现组织目标的行为冲动，最终实现组织目标。

（五）营造和谐健康、有利于教师发展的学校环境

美国管理学家孔茨（Kontz）指出：“管理就是设计和保持一种良好的环境，使人在群体里高效地完成既定目标。”

学校各项政策要得到有效的实施，就必须建立在信任的基础上，信任是对教师最好的鼓励和鞭策，这是对知识分子的管理最核心的理念之所在。教师的知识分子属性使得他们既能快捷地接受知识和意见，又具有对意见的敏感性，所以，管理者对教师的管理必须注意方式、方法，讲求艺术性。人际关系紧张、人人自危是职业院校人力资源管理的大忌。

在职业院校教师资源管理中采用柔性管理的方式效果较好。所谓柔性管理是指在研

究人的心理和行为规律的基础上，采用非强制性方式，在人的心目中产生一种潜在说服力，从而把组织意志变为个人的自觉行动的管理。柔性管理的最大特点在于它主要不是依靠组织权力的影响力，如上级的发号施令、成文的规章制度等，而是依靠人的心理过程，依赖于从每个员工内心深处激发的主动性、内在潜力和创造精神。一旦学校的要求转化为教师的自觉认识，学校的目标转变为教师的自发行动，就会产生巨大的内在驱动力和自我约束力。

在实施柔性管理时，要善于利用情感。管理者要热心帮助教师解决工作、学习、生活等方面的困难，工作中多一些交流，少一点官僚；多一些沟通，少一点误会；多一些热情，少一点冷酷；多一些鼓励，少一点指责。“感人心者，莫先乎情。”为了缩小与教师之间的距离，学校领导要重视与教师之间的交流与沟通，不仅要留住教师的“身”，更要留住教师的“心”，实现“柔性”留人的目的。

对人力资源的管理，美国学者赫茨伯格（Herzberg）同他的助手在调查研究中发现，人们对工作不满意时，是对工作环境不满；对工作满意时，则是满意于工作本身。为此，他提出了激励的两因素论。

第一，保健因素或维持因素。这种因素是维持一个合理的满意水平所需的，没有它们，人们就不会满意，但它们的存在并不构成强烈的激励。

第二，激励因素。这些因素构成对人们强烈的激励，能使其满意于工作。激励理论明确指出，人们的工作效率决定于人们的工作态度，而工作态度又取决于人们需要被满足的程度，人们的需要是否能得到合理的满足，又受到工作本身和工作环境的影响。

以人文主义为导向的管理思想就是要帮助每一个教师完善自我，让教师在实现个体发展的过程中创造出良好的工作业绩，促进学校发展的实现。营造和谐健康的学校人文环境对教师的发展、成长十分重要，教师对学校人文环境的满意，可以促使他们改变工作态度、提高工作效率，达到他们自身的充分发展。因此，在职业教育人力资源管理中，学校管理者要突出“以人为本”的管理理念，全力为教师创造和谐稳定、健康有序的学校人文环境。

（六）增强管理的服务意识，培育学校核心文化

学校要发展，教师是关键。教育教学工作需要领导和教师协调努力，学校的发展需要教师群体的和谐共处，在学校发展过程中，为了促进教师专业化成长，需在了解教师资源特性的基础上，用人力资源管理的思想去指导工作实践。从学校管理者角度来讲，应在教师队伍中培育核心文化，以教学研究带动教师队伍整体素质的提高，鼓励教师全员参与校本教研，营造有益于教师自我发展内动力和合作精神形成的教师发展环境，使学校的发展目标和教师个人的发展目标统一起来，促进教师潜能得到最大化开发，实现学校的发展。

首先，职业院校人力资源管理的职能部门应由行政权力型向服务支持型转变，淡化权力意识，增强服务功能。在结合个人发展与组织发展的基础上，对决定个人职业生涯

的个人因素、组织因素和社会因素等进行分析，帮助教师制订有关个人长期职业发展的设想与计划安排。虽然职业生涯规划更多的是教师个人的事情，但学校管理部门可以通过一定的辅助措施加以指导，将教师的职业生涯规划与学校未来的发展远景统一起来，使个人能按照学校的要求与规范，谋求个人的成长和发展，为教师的成长和发展提供一个舞台，为教师提供学习、培训和施展才能的机会；平时多与教师交流沟通，对他们的工作表示关心与欣赏，对教师在教学、科研工作中遇到的困难、问题提供帮助，让教师感到自己是在充满关心支持的环境中工作。

其次，学校人力资源管理的具体部门（各系、部）的领导者应承担履行人力资源管理的具体责任，注重教职工权益的保障，尊重教师个人发展，注重人的差异性、层次性，强调人的不同需求，突出人的主体性和能动性，充分重视高层次人才的合理使用。

最后，要创造一个有利于教师发展、相互协调、团结互助的和谐人际氛围，需采取一系列有效措施，塑造、整合、培育和发展学校核心文化，用核心文化理念经营学校，强化学校的凝聚力。教育的本质在于“文化育人”，通过文化的传承和创新，使个体社会化。

基于职业院校发展的职业教育人力资源的开发和利用的问题研究是一个实践性很强的领域，不同的职业院校具有不同的管理模式，而不同的职业院校具有不同的教师资源开发和利用的具体措施和办法，这些都需要具体情况具体分析，同一个办法和措施可能在一所学校、一个地区是适用的，能够促进学校的发展，但有可能在其他学校和地区就会不合适、不起作用。这就需要职业院校管理者拓宽研究视野，用科学的方法和智慧去寻找解决问题的有效措施。

参考文献

[1] 张静等．中国职业教育理论与实践探索 [M]．北京：中国经济出版社，2022.05.

[2] 刘永亮．高职院校文化育人的理论与实践探索 [M]．北京：北京理工大学出版社，2022.03.

[3] 常涛，徐晖，李冉．高职院校专创深度融合创新实践 [M]．北京：中国纺织出版社，2022.05.

[4] 魏娜．职业教育新型工作手册式教材开发 [M]．北京：社会科学文献出版社，2022.03.

[5] 李玮炜，肖霞，贺定修．现代职业教育创新实践研究 [M]．青岛：中国海洋大学出版社，2022.09.

[6] 柴草．携手・深耕・共赢——高等职业教育实践育人探索 [M]．长春：东北师范大学出版社，2022.11.

[7] 刘益民．职业素养——从理论到实践探索 [M]．重庆：重庆大学出版社，2022.08.

[8] 苏华．中国职业教育改革与发展研究（1949—2021）[M]．北京：北京师范大学出版社，2022.04.

[9] 涂凯迪．高等职业教育管理理论与实践创新探索 [M]．长春：吉林人民出版社，2022.07.

[10] 杜方敏，陈慧．中国高等职业教育“走出去”的探索与实践 [M]．北京：经济日报出版社，2022.06.

[11] 郭扬．高等职业教育三十年探索与研究 [M]．北京：冶金工业出版社，2021.07.

[12] 徐国庆．职业教育现代学徒制理论研究与实践探索 [M]．北京：经济科学出版社，2021.11.

[13] 宁莹莹．现代职业教育理论与实践探索 [M]．长春：吉林人民出版社，2021.10.

[14] 武文．高职教育改革——探索中嬗变 [M]．北京：光明日报出版社，2021.09.

[15] 秦凤梅．职业教育产教融合质量评价探索 [M]．重庆：重庆大学出版社，2021.09.

[16] 肖艳婷．基于章程的高等职业院校治理研究 [M]．天津：南开大学出版社，2021.01.

[17] 沈怡玥．高等职业教育理论与发展新探索 [M]. 北京：中国书籍出版社，2021.

[18] 张廷，于健，胡一铭．高职院校第二课堂探索与研究 [M]. 北京：北京理工大学出版社，2021.06.

[19] 杨喆，韦宏思，张建军．高职学生社会实践探索 [M]. 成都：西南交通大学出版社，2021.07.

[20] 童丽，张亮，李引霞．高职院校教师绩效管理实践研究 [M]. 广州：广东高等教育出版社，2021.12.

[21] 周建松，陈正江．中国特色高等职业教育发展道路探索与研究 [M]. 杭州：浙江工商大学出版社，2020.11.

[22] 李树陈．现代职业教育理论研究 [M]. 长春：吉林人民出版社，2020.08.

[23] 张骏. 大数据时代职业教育教师数据智慧发展研究 [M]. 北京: 旅游教育出版社，2020.07.

[24] 龚芸，李可，徐江．职业教育集团背景下高职人才培养模式研究 [M]. 北京：冶金工业出版社，2020.11.

[25] 丁文利．职业教育现代学徒制新型师徒关系的研究与实践 [M]. 北京：中国纺织出版社，2020.05.

[26] 北京政法职业学院．高等职业教育论丛 [M]. 北京：知识产权出版社，2020.08.

[27] 李云华．高职教育文化建设与发展路径探索 [M]. 汕头：汕头大学出版社，2020.07.

[28] 管昕．信息化教学推动职业教育现代化的探索研究 [M]. 沈阳：辽宁大学出版社，2019.12.

[29] 陈鹏等．职业启蒙教育学 [M]. 北京：知识产权出版社，2019.11.

[30] 何应林．高职学生职业技能与职业精神融合培养研究 [M]. 杭州：浙江大学出版社，2019.10.

[31] 周开权．中国职业教育产学研一体化发展研究 [M]. 苏州：苏州大学出版社，2019.12.